lonely planet

DE CERCA

MADRID

Felicity Hughes

Sumario

Puesta a punto 4

Arriba: Lavapiés (p. 57).
Abajo: fuente de Cibeles (p. 105).

DESDE ARRIBA IZDA.: YANA DEMENKO/SHUTTERSTOCK ©, DIMBAR76/SHUTTERSTOCK ©

Explora Madrid ... 33

Guía práctica ... 143

★ Imprescindible

El viaje empieza aquí

Cuando llegué a Madrid hace 15 años, me enamoré de la elegancia de las praderas del Retiro, de la espectacularidad de los chapiteles de pizarra de la plaza Mayor recortados contra el cielo que se va oscureciendo, y de los misterios que se ocultan tras puertas preciosamente labradas. Por entonces Madrid era muy distinta: los mercados languidecían y Malasaña ya era un barrio que daba muestras de en qué se iba a convertir, pero aún pervivían los viejos bares. Ahora los mercados son populosos destinos turísticos y Malasaña ha sucumbido a la globalización *woke,* pero, pese a todo, Madrid siendo una ciudad que te roba el corazón.

Felicity Hughes *@themakingofmadrid*
Felicity es periodista *freelance* y autora del blog de historia *The Making of Madrid.*

COLABORADORAS

Natalia Diaz *kusinamadrid.com @nataliadi8z*
Natalia es periodista, bloguera gastronómica y cofundadora del proyecto Chefugee; trabaja como editora para un organismo de sostenibilidad y viaja a lugares remotos para estudiar programas de agricultura sostenible.

Vesna Maric *@vesnamarx*
Vesna escribe guías de viajes, literatura de ficción y ensayos.

Gran Vía (p. 106).
MATEJ KASTELIC/SHUTTERSTOCK ©

LO MEJOR

Museos

Los museos madrileños son todo un esplendor visual. En la cúspide se sitúa el llamado "Triángulo de Oro", con tres pinacotecas de fama mundial, pero por el resto de la ciudad hay repartidos otros museos de gran interés.

Conocer los mejores museos –**Museo del Prado** (foto), **Centro de Arte Reina Sofía** y **Museo Thyssen-Bornemisza**– con el bono Paseo del Arte. (pp. 89-99)

Asistir a PHotoEspaña, un festival de fotografía que se celebra en verano en lugares como el **Círculo de Bellas Artes,** el **Real Jardín Botánico** y **CentroCentro.** (p. 77)

Explorar la galería más vanguardista de Madrid, **Espacio SOLO,** donde se borra la línea entre el arte humano y la IA. (p. 118)

Descubrir los tesoros artísticos de la **Real Academia de Bellas Artes de San Fernando.** (p. 80; foto)

Curiosear en el despacho-museo del escritor Ramón Gómez de la Serna en el centro cultural **Conde Duque.** (p. 136)

Disfrutar del arte visitando los **anexos del Reina Sofía** –el Palacio de Cristal y el palacio de Velázquez– en el Retiro. (p. 99)

Dcha.: Centro de Arte Reina Sofía (p. 97).

PUESTA A PUNTO

CÉSAR LUCAS ABREU/MADRID TOURISM ©

Mercado de San Miguel.

LO MEJOR

Mercados

Ya se busque un marco antiguo o una comida novedosa, los populosos mercados de Madrid son insuperables, sobre todo ahora que la revolución gastronómica ha transformado viejos puestos en restaurantes y bares.

Ir un domingo a la caza de gangas en el **Rastro,** el mercado callejero más antiguo y animado de la ciudad. (p. 66)

Escapar de las aglomeraciones en el multicultural **mercado de los Mostenses,** detrás de la Gran Vía. (p. 134)

Visitar **La Latina y Lavapiés,** con tres de los mejores mercados de la ciudad. (p. 57)

Acercarse al **mercado de las Ranas,** un pequeño mercado callejero con puestos de artesanía y música en directo. (p. 82)

Comer y beber hasta hartarse en el **mercado de la Paz,** con bares y restaurantes. (p. 120)

Admirar la arquitectura de forja y vidrio del **mercado de San Miguel;** como se llena, conviene ir justo antes del cierre. (p. 48)

LO MEJOR

Comidas típicas

Los platos más representativos de Madrid abarcan desde el sustancioso cocido en tabernas como las de la Cava Baja hasta las frituras de las fiestas de verano. Para desayunar o después de una noche de marcha, la combinación de churros y chocolate es imbatible.

Degustar un cocido en la **Posada del León de Oro,** que se sirve como mandan los cánones, en tres vuelcos: sopa, garbanzos y verduras, y carnes y embutidos. (p. 66)

Probar callos y torreznos en la legendaria **Casa Revuelta.** (p. 54)

Zamparse un bocadillo de calamares en **La Campana,** junto a la plaza Mayor. (p. 54)

Mojar churros en espeso chocolate en la **Chocolatería de San Ginés.** (p. 51)

Saborear un cochinillo asado en horno de leña en el **Restaurante Sobrino de Botín,** el más antiguo del mundo. (p. 54)

Chocolatería de San Ginés.

BLAKE HORN/LONELY PLANET ©

ADRIENNE PITTS/LONELY PLANET ©

Sala Equís.

LO MEJOR

Sorpresas

En estrechas bocacalles aguardan experiencias sorprendentes. Incluso en las zonas más turísticas se puede ver a un artesano trabajando en un tapiz o comprar una caja de galletas a unas monjas de clausura.

Explorar la cocina global de **Lavapiés** en restaurantes senegaleses, bangladesíes o japoneses. (p. 57)

Ver trabajar a los artesanos en la **Real Fábrica de Tapices,** una de las pocas que quedan en Europa. (p. 106)

Visitar el **Museo La Neomudéjar,** una muestra alternativa en un almacén reconvertido que organiza exposiciones de vanguardia. (p. 106)

Ver películas de autor en la **Sala Equis** y el **Cine Doré,** dos preciosos cines antiguos con estupendos bares. (p. 67)

Absorber el ambiente de la **plaza del Dos de Mayo,** en el corazón de Malasaña. (p. 136)

Comprar dulces divinos a las monjas de clausura del **convento de las Carboneras del Corpus Christi.** (p. 48)

LO MEJOR

Salidas nocturnas

Los madrileños tienen fama de trasnochadores. Para seguir su ejemplo hay que empezar la fiesta en una taberna tradicional, pasar luego a coctelerías elegantes y rematar la noche en un ruidoso disco-bar.

Ir de tapeo a la Cava Baja, calle con las mejores tapas de Madrid, pasando por sitios míticos como **Casa Lucio** (p. 70) o la **Posada del Dragón** (p. 66).

Ver la ciudad desde una altura vertiginosa en los bares de azotea de **Huertas.** (p. 85)

Trasnochar en Chueca y Malasaña en bares como **Toni 2 Piano Bar** y **Why Not?** (p. 139)

Divertirse como en 1980 y profundizar en la Movida en **Madrid Me Mata,** antes de visitar **El Penta,** mítico disco-bar. (p. 136)

Toni 2 Piano Bar.

BLAKE HORN/LONELY PLANET ©

Palacio de Cristal (p. 103), parque del Retiro.

LO MEJOR

Espacios al aire libre

Madrid no solo disfruta de un gran número de plazas elegantes, sino de dos antiguos parques reales convertidos en enormes pulmones de la ciudad.

Observar a la gente en la emblemática **plaza Mayor,** antes escenario de corridas de toros y de autos de fe inquisitoriales. (p. 38)

Descubrir el lado secreto del **Retiro,** como los antiguos edificios palaciegos, la que fue Casa de Fieras y un jardín lleno de pavos reales. (p. 100)

Empaparse del ambiente literario de la **plaza de Santa Ana,** con el teatro más antiguo de la ciudad, animados bares y una estatua de Lorca. (p. 76)

Dar un paseo por las **riberas del Manzanares** (p. 52) entre parques y junto a los hermosos jardines del **Campo del Moro.** (p. 52)

Curiosear en un encantador jardín secreto en una de las plazas más bonitas de La Latina en el **jardín del Príncipe de Anglona.** (p. 66)

LO MEJOR

Lugares históricos de la Guerra Civil

El asedio de Madrid duró dos años y medio de agonía, desde 1936 hasta 1939, y aunque sus cicatrices hace tiempo que se cerraron, mirando de cerca se observan vestigios del conflicto.

Admirar la biblioteca de la UNED, construida sobre los restos de las **Escuelas Pías,** un centro religioso arrasado por las milicias de izquierda al principio de la guerra. (p. 68)

Visitar el **templo de Debod,** que ocupa el solar del cuartel de la Montaña, escenario de una cruenta batalla los primeros días del conflicto. (p. 49)

Seguir los pasos de Ernest Hemingway en sus bares favoritos del barrio de **Huertas.** (p. 82)

Dedicar un instante en el **monumento a las Víctimas de Mauthausen** a meditar sobre el destino de los 442 madrileños deportados al campo de concentración nazi. (p. 51)

Templo de Debod.

IZAAC AFRIDI/GETTY IMAGES ©

LO MEJOR

Arquitectura

Madrid reúne una extraordinaria variedad de estilos, desde el elegante neoclasicismo hasta el modernismo de fusión. En el centro, la señorial plaza Mayor es el nexo que lo entrelaza todo.

Explorar la **Fundación MAPFRE** y el **Thyssen-Bornemisza** (foto), dos palacios reconvertidos en museos. (p. 135)

Maravillarse ante la enorme **plaza de toros de Las Ventas,** uno de los ejemplos cimeros de arquitectura neomudéjar de la ciudad. (p. 119)

Realizar un circuito por los edificios más notables de la **calle de Alcalá** para descubrir el Madrid más monumental. (p. 78)

Contemplar el centro a vista de pájaro desde el bar de azotea del **Círculo de Bellas Artes.** (foto; p. 77)

Admirar las elegantes fachadas que rodean la emblemática **Puerta del Sol,** el corazón de Madrid. (p. 75)

Entender cómo el rey Carlos III, apodado "el mejor alcalde de Madrid", convirtió el **paseo del Prado** en un bulevar hoy Patrimonio Mundial de la Unesco con arquitectos como Sabatini, Hermosilla y Villanueva. (p. 104)

Lo mejor para niños

Conocer la casa del **Ratón Pérez** en un pequeño museo cerca de Sol. (p. 82)

Alquilar una barca en el parque del **Retiro** y remar en el estanque disfrutando del entorno. (p. 100)

Comer en el **mercado de San Fernando,** en Lavapiés, con un patio perfecto para que los niños correteen. (p. 69)

Explorar el parque a orillas del **Manzanares** y terminar en la playa de Madrid Río, donde los críos pueden refrescarse en las fuentes. (p. 52)

Ver cómo cobra vida una casa de muñecas con una ingeniosa instalación de vídeo en el **Museo del Romanticismo.** (p. 134)

Lo mejor gratis

Contemplar la puesta del sol y las mejores vistas de la ciudad después de visitar el egipcio **templo de Debod.** (p. 49)

Conocer los orígenes de Madrid en el encantador **Museo de San Isidro,** en La Latina. (p. 60)

Viajar por el pasado de la ciudad desde el s. XVI en el **Museo de Historia de Madrid.** (p. 128)

Comprender la historia madrileña en un **circuito a pie** por su casco histórico en un viaje desde la plaza Mayor hasta la Guerra Civil. (p. 46)

Dar un paseo por la ribera del Manzanares hasta la **ermita de San Antonio de la Florida** y maravillarse con los extraordinarios frescos de Francisco de Goya. (p. 48)

Tres días perfectos

Desde el arte más elevado hasta la cultura popular, estos itinerarios mezclan lugares clásicos con atracciones novedosas y ayudan a aprovechar al máximo el viaje.

Mercado de San Miguel.

PRIMER DÍA

Si solo se dispone de un día

MAÑANA

Se empieza el día con un café en la **plaza Mayor** (foto; p. 38) para empaparse de su ambiente. Después se va al **mercado de San Miguel** (p. 48), el único de forja y vidrio que queda en Madrid, un deleite visual.

TARDE

Se pasa recorriendo los suntuosos interiores del **Palacio Real** (p. 40) para continuar después por una vía peatonal hasta la **plaza de España** (p. 47).

NOCHE

Se va andando hasta el parque de la Montaña para contemplar una preciosa puesta de sol junto al **templo de Debod** (p. 49). Se come en el multicultural **mercado de los Mostenses** (p. 134), que ofrece desde caviar del Caspio hasta cocina china de Shanghái.

SEGUNDO DÍA

Un fin de semana

MAÑANA

Se empieza el día en Sol para sacarse una foto junto a la **estatua** (p. 75) del oso y el madroño. Se baja por Huertas, haciendo un alto en la **plaza de Santa Ana** (p. 76) para disfrutar del animado ambiente del barrio.

TARDE

Se dedica a admirar obras de Goya, Velázquez y El Greco en el **Museo del Prado** (foto; p. 89). Después se puede dar un paseo por el maravilloso **parque del Buen Retiro** (p. 100).

NOCHE

Se vive una noche loca en **Chueca** (p. 138), el barrio gay madrileño repleto de bares y discotecas trepidantes que abren hasta las tantas.

TERCER DÍA

Una escapada

MAÑANA

Se desayuna en la **plaza del Dos de Mayo** (p. 136) antes de conocer toda su turbulenta historia en el **Museo de Historia de Madrid** (p. 128).

TARDE

Se toma el metro hasta Tirso de Molina, pasando por la **Sala Equis** (p. 67), un antiguo cine porno que hoy proyecta películas de autor, hasta la plaza de Cascorro; aquí se instala los domingos el **Rastro** (foto; p. 66), el famoso mercado callejero.

NOCHE

Se va de tapeo por la **Cava Baja** (p. 66), antigua parada de arrieros y diligencias, jalonada de tabernas tradicionales que han conservado todo su encanto. Se termina en la **plaza de la Paja** (p. 66), mercado y centro neurálgico de la ciudad hasta el s. XV.

Con más tiempo

Para descansar de los museos, se recorren las tiendas del refinado barrio de **Salamanca** (p. 123), parando para almorzar en el precioso **mercado de la Paz** (p. 120).

Se da un paseo hasta el animado barrio de Chueca, con elegantes tiendas y el **Museo del Romanticismo** (p. 134). Tras tomar un café en el patio del museo, se baja a la **calle de Alcalá** (p. 78), con algunas de las construcciones más notables de Madrid: el icónico **edificio Metrópolis** (p. 77) o joyas como el señorial **Círculo de Bellas Artes** (p. 77) de Antonio Palacios, con una cafetería-restaurante en la azotea ideal para tomar una copa con vistas de la ciudad.

Luego se puede ir a comer a **Huertas** (p. 73) para terminar con música en directo; en este histórico barrio se encuentran magníficas salas de *jazz* y flamenco. Las espectaculares óperas del **Teatro Real** (p. 44) atraen a un público multitudinario, así que es fundamental reservar con antelación.

Teatro Real.

MADRID TOURISM ©

Una excursión

Felipe II construyó el enorme palacio y monasterio de **El Escorial** (foto; p. 140), al pie de la sierra de Guadarrama, como retiro. Este conjunto monumental es un tesoro de arte e historia, con una inmensa biblioteca de más de 40 000 volúmenes, una cripta con las tumbas de los reyes y reinas de las casas de Austria y Borbón, y una extraordinaria colección de arte español, italiano y flamenco de los ss. XVI y XVII, con grandes obras de El Greco, Tiziano, Tintoretto, José de Ribera o El Bosco. Cuando se termine de recorrer el interior, se puede pasear por sus preciosos jardines.

En un día de lluvia

Es el momento de visitar los museos del paseo del Prado, empezando por el **Thyssen-Bornemisza** (p. 93), con una inmensa colección que abarca desde el arte medieval hasta la pintura moderna. A un paseo a pie queda **Caixa Forum** (foto; p. 106), con exposiciones muy originales que a menudo interesan a los niños. Cerca está también el enorme **Centro de Arte Reina Sofía** (p. 97), con arte español del s. XX y contemporáneo.

Después se sube en autobús por la calle de Atocha hasta el **mercado de Antón Martín** (p. 69) para tomar un bocado antes de rematar el día en el vecino **Cine Doré** (p. 67).

Prepararse

ANTES DE PARTIR

Dos o tres meses antes Reservar para DiverXO del chef Dabiz Muñoz; en caso contrario, habrá que hacer cola para sentarse en StreetXO (p. 122).

Un mes antes Conseguir entradas para la ópera en el Teatro Real (p. 44) y reservar para restaurantes con estrellas Michelin como El Club Allard (p. 55).

Dos semanas antes Reservar para una visita al Palacio Real (p. 40); algunos días cierra para actos oficiales.

Costumbres

Al igual que la mayoría de las ciudades de la Europa occidental, Madrid es una ciudad amante de la moda: para salir de noche hay que ir mínimamente arreglado, aunque siempre depende del sitio. En Malasaña, por ejemplo, todo es más relajado.

Madrid es, en general, una ciudad segura, pero, como en cualquier lugar, hay que tomar las precauciones básicas que dicte el sentido común.

Que no se vea cola no quiere decir que no haya gente esperando su turno; siempre debe preguntarse quién es el último.

Conviene saber

Iglesias A menos que se vaya por razones religiosas se debe evitar entrar a las iglesias (o hacer fotos) durante la misa.

Cerveza Los camareros de Madrid se precian de tirar las cañas con una gruesa corona de espuma.

Escaleras mecánicas En las de las estaciones y centros comerciales hay que mantenerse a la derecha.

Manual de supervivencia para viajar por España (Raquel Piñeiro y Bea Lozano; 2024)
En lugar de monumentos y rutas, este manual propone, con humor y consejos prácticos, un viaje por los hábitos y peculiaridades que dan vida a cada rincón de España, incluida la Comunidad de Madrid.

"No discutas con un madrileño acerca de si tienen un acento propio, porque lo negarán. Limítate a contar en silencio los *ejque* y los *madrizzz.*"

PROPINAS

No son necesarias pero se agradecen.

1 €
Cafeterías y bares
Más que suficiente

+2 €
Restaurantes
Se considera generosa

Tú eliges
Taxis
Lo mucho o lo poco que se quiera

Inusual
Empleados de hoteles

PRESUPUESTO DIARIO

Económico Menos de 125 €

- Dormitorio en albergue: **45 €**
- Pincho de tortilla: **3 €**
- Entrada a discoteca: **10-20 €**
- Bono de 10 viajes en metro: **6,10 € (más 2,50 € por la tarjeta recargable)**

Medio Entre 150-250 €

- Habitación de hotel: **90-190 €**
- Cena de dos platos con vino: **30-80 €**
- Entrada a un espectáculo de flamenco: **20-50 €**
- Entrada para la ópera: **desde 18 €**

Alto Más de 250 €

- Apartamento de lujo o habitación doble en un hotel de categoría: **desde 200 €**
- Cena *gourmet* de varios platos: **desde 150 €**
- Ópera (buenas localidades): **400 €**
- Carrera en taxi: **10 €**

Moneda
Euro (€)

Idioma
Español

Hora local
Hora de Europa central (GMT/UTC +1 en invierno, GMT/UTC +2 en verano)

BY-STUDIO/SHUTTERSTOCK ©

CONSEJO

Si se tiene prisa, pedir la cuenta en el momento que sirvan la comida; a veces el servicio es lento y a muchos restaurantes les falta personal, así que... ¡paciencia!

Cuándo ir

Madrid seduce todo el año, pero revela su cara más castiza en mayo durante las Fiestas de San Isidro.

Cualquier madrileño dirá que el tiempo no es de fiar hasta entrado junio, cuando la inestabilidad primaveral da paso a largos días soleados. La mejor época para viajar va desde mayo hasta finales de junio, con los parques florecidos y las calles llenas de gente en bares y terrazas. Después de ese período hay que soportar el calor que empuja a todo el mundo a la costa pero no frena el torrente de turistas veraniegos.

Grandes eventos

Mayo Madrid celebra la insurrección popular del **Dos de Mayo de 1808** contra los franceses con una fiesta multitudinaria en Sol.

En los días previos a la onomástica del patrón (15 may), se celebran muchos festejos gratuitos por toda la ciudad durante las **Fiestas de San Isidro** (p. 53). El bullicio se centra en la plaza Mayor y la Pradera de San Isidro. Para sumarse al jolgorio hay que ponerse un clavel rojo y bailar el chotis.

Julio Chueca se llena con ocasión de uno de los mayores desfiles del **Orgullo** de Europa el primer fin de semana de julio; si se piensa ir en esas fechas, habrá que reservar con mucha antelación.

Octubre Las calles de Lavapiés son un hervidero durante el festival **Tapapiés** (p. 68), un concurso de tapas en el que compiten bares y restaurantes.

Clima

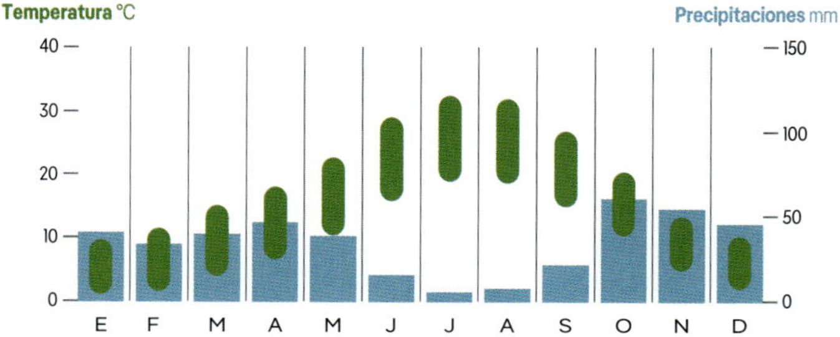

J.PAREDESPHOTOS/SHUTTERSTOCK ©

Fiestas de San Isidro.

Locuras maravillosas

Enero Los Reyes Magos recorren las calles de Madrid la noche del 5 de enero, víspera de la Epifanía del Señor, lanzando a los niños una lluvia de caramelos. La gran **Cabalgata de Reyes** termina con fuegos artificiales junto a CentroCentro.

Febrero/marzo El burlesco **Entierro de la Sardina** (martes previo al Miércoles de Ceniza) data del s. XVIII, cuando el rey Carlos III ordenó que se enterrara un cargamento de pescado podrido en la ribera del Manzanares. El desfile parte de la ermita de San Antonio de la Florida.

Julio Durante las Fiestas del Carmen, los vallecanos toman las calles para celebrar la divertida y original la **Batalla Naval de Vallecas.**

Agosto El día 15, fiesta de la **Virgen de la Paloma,** y ante una multitud de fieles, un bombero descuelga de un retablo un cuadro de la Virgen de 80 kg que después se saca en procesión por las calles de Lavapiés.

CONSEJOS SOBRE ALOJAMIENTO

La época más barata va de noviembre a febrero, a excepción de los días en torno a Navidad (el puente de la Inmaculada es temporada alta). En invierno hay que estar preparado para el frío, porque las temperaturas bajan bastante.

Cómo llegar

La mayoría de los visitantes llegan al aeropuerto Adolfo Suárez Madrid-Barajas, al noreste. Desde él hasta el centro se tarda unos 30 min, ya sea en metro, en taxi o en autobús.

Del aeropuerto al centro

En tren

La T4 es la terminal más apartada de la ciudad, pero comunicada con la estación de Atocha por líneas de cercanías. El tren del aeropuerto sale cada 30 min y llega al centro en unos 36 min, aunque se puede bajar antes en las estaciones de Chamartín, Nuevos Ministerios o Recoletos, todas céntricas.

En metro

El metro enlaza las cuatro terminales con Nuevos Ministerios, donde se puede transbordar a otra línea. El viaje desde la T4 dura 20 min; desde otras terminales, 15 min. Casi siempre sale más barato comprar por 2,50 € una tarjeta de metro –también sirve para el autobús– y cargarla con 10 viajes, lo que cuesta 6,10 €. Al precio normal se le añade un suplemento aeroportuario de 3 €.

En autobús

El bus hasta Atocha sale cerca de la parada de taxis, cuesta 5 € y se puede pagar con tarjeta; es una buena opción si se va a volar temprano. Sin embargo, el autobús nocturno al aeropuerto sale de Cibeles.

En taxi

Los abundantes taxis no son especialmente baratos; además, la bajada de bandera se encarece cuando se recoge a los pasajeros en el aeropuerto o estación de tren. La carrera a/desde el aeropuerto al centro sale por 33 €. El taxímetro debe estar en funcionamiento; si se sospecha un abuso, hay que pedir un recibo y anotar la matrícula.

Otras entradas

Atocha es el principal nudo de transportes, adonde llegan casi todos los trenes de alta velocidad. Si se llega en AVE, con el código de cinco cifras del Combinado Cercanías o el de barras del billete se obtiene gratis un billete de cercanías.

EMILIO PARRA DOIZTUA/LONELY PLANET ©

Cómo desplazarse

Es fácil moverse a pie por una ciudad de trazado compacto como Madrid, pero en metro se gana mucho tiempo. La red de cercanías es a veces más rápida todavía. Los desplazamientos en autobús y taxi pueden durar un poco más, dependiendo del tráfico.

Metro

El metro de Madrid es barato, moderno y eficiente. Muchas líneas convergen en Sol, donde los transbordos se complican porque la estación suele estar abarrotada. La línea 1 es la más antigua y concurrida. El servicio empieza a las 6.00 y los últimos trenes salen a la 1.30; suelen ir repletos, sobre todo los fines de semana. Entre semana no van demasiado llenos, salvo en horas punta (8.00-10.00 y 14.00-16.00).

Cercanías

La red de cercanías cubre toda la Comunidad de Madrid (8028 km²). Es una opción excelente si se va a visitar El Escorial, el palacio de Aranjuez o la cuna de Miguel Cervantes, Alcalá de Henares, y a veces útil también para moverse entre ciertos puntos de la ciudad.

En la red de cercanías se puede usar la tarjeta turística, pero no el abono de 10 viajes.

Autobús

La flota de autobuses eléctricos de Madrid es la mayor de España. La línea 001, desde Atocha hasta Moncloa pasando por la Gran Vía, es totalmente eléctrica y gratuita. Los autobuses urbanos circulan con regularidad entre 6.30 y 23.30.

IZDA.: NISSRINE MAHMOUD/SHUTTERSTOCK ©; ARRIBA: RNDMS/SHUTTERSTOCK ©

'APP' ESENCIAL

La *app* **Madrid MBC** (Metro Bus Cercanías) informa sobre horarios de metro, autobuses y trenes.

Los 26 *búhos* (autobuses nocturnos) funcionan de 23.45 a 5.30, con principio y fin de todas las líneas en la plaza de Cibeles.

Taxi

Los taxis madrileños aplican tarifas relativamente razonables, que se exponen en el interior de las ventanillas por el lado de los pasajeros. Una carrera desde Sol hasta el Museo del Prado cuesta en torno a 6 €. Los taxis oficiales llevan una franja roja en diagonal sobre la puerta. Algunos taxistas conducen a velocidades inquietantes, sobre todo por la noche.

A pie

El centro de Madrid es llano en su mayor parte, aunque con cuestas pronunciadas desde la estación de metro de Lavapiés hasta Tirso de Molina y desde el Palacio Real hasta el río Manzanares.

Bicicleta y escúter

Se pueden alquilar escúteres y bicicletas eléctricas. Las bicicletas del sistema público BiciMAD son especialmente recomendables, aunque en el centro los carriles-bici son escasos y distantes. Montar en bicicleta por la acera está prohibido y puede acarrear una multa.

Transporte público

Pago electrónico

Aunque se pueden efectuar pagos *contactless* con el teléfono o la tarjeta en los autobuses y cercanías, para usar el metro hace falta una tarjeta de viaje. Las máquinas expendedoras de billetes instaladas en todas las estaciones de metro aceptan pagos con tarjeta y con el teléfono.

Tarjeta Multi

La Tarjeta Multi es una tarjeta recargable que se compra una sola vez por 2,50 € en las máquinas de las estaciones de metro, estancos y otros puntos de venta autorizados, y se carga en las máquinas de cualquier estación; sale más barato comprar los viajes de 10 en 10, y esta tarjeta se puede usar tanto en el autobús como en el metro.

Tarjeta turística

Aunque la Tarjeta Multi suele salir más económica, la Tarjeta Turística permite viajes ilimitados en el transporte público de toda la Comunidad de Madrid, cercanías incluidoss. Esta tarjeta se puede obtener en las máquinas expendedoras presentando el documento de identidad. Se venden bonos para 1/2/3/4/5/7 días por 10/17/22,50/27/32,50/42 €.

Billetes sencillos

Los billetes sencillos se pueden comprar para los trenes de cercanías y el autobús, pero salen mucho más caros. Si se compra un billete sencillo para un cercanías, hay que conservarlo porque puede recargarse para otro viaje, que saldrá así más barato; también se puede pagar con tarjeta o teléfono en el torniquete.

El sistema más económico para moverse dentro de la ciudad es usar el bono metro/autobús de 10 viajes y comprar billetes sencillos para el cercanías.

RECARGA DE TELÉFONOS

En las estaciones de trenes y los autobuses suele haber tomas de corriente para cargar gratis los teléfonos.

PRECIOS

Abono de 10 viajes
6,10 € (más 2,50 € por la tarjeta recargable)

Viaje menos de 30 min en bicicleta BiciMAD
0,50 €

Alquiler escúter eléctrico
1 € más 20-25 cent/min

BILLETES

Los precios siguientes corresponden a billetes sencillos. Los billetes multiusos son más baratos.

Tipo de billetes	Precio
Metro/autobús zona A	1,50-2 € según el número de paradas
Suplemento aeropuerto en el metro	3 €
Viaje cercanías zona A	1,70 €
Viaje cercanías zona C	5,50 €

ZONAS TARIFARIAS

A

La **zona A** es el centro del Madrid, donde están los principales puntos de interés; incluye el aeropuerto.

B

La **zona B** es la periferia de Madrid; es muy poco probable que se vaya a estas zonas.

C

La **zona C** abarca las ciudades satélite de la Comunidad de Madrid.

Otra cara de Madrid

Aquí se dan algunas claves para ayudar a descifrar el sustrato histórico del paisaje urbano madrileño.

Tiendas centenarias

Los comercios más antiguos de Madrid son fáciles de identificar: una pequeña placa de metal en el suelo junto a la entrada acredita que llevan abiertos 100 años o más. Se encuentran por toda la ciudad, aunque son más abundantes en las cercanías de la histórica **plaza Mayor** (p. 38). El dibujo de las placas es obra del famoso humorista gráfico Antonio Mingote; en la estación de metro de Retiro puede verse su fabuloso mural cerámico con escenas de la vida en el parque más popular de Madrid.

Madroños

En el escudo de Madrid campea un oso y un madroño. Estos pequeños árboles plantados en el paseo de Fernán Núñez del **parque del Retiro** (p. 100) y en la calle Mayor maduran en invierno y sus frutos rojos aparecen hacia Navidad; se pueden probar, pero son granulados y no muy dulces: es mejor el licor de madroño que se sirve en los bares de la ciudad, muchas veces en un vaso pequeño de barquillo y chocolate.

Fachadas rojas

Algunos de los bares madrileños con más solera están pintados de vivo color rojo, costumbre que se remonta a la época en que más del 50% de la población era analfabeta y pintar un bar de rojo indicaba que dentro se servía vino. Estos preciosos establecimientos antiguos suelen estar bien conservados, con veladores de mármol, columnas de hierro y mucho cristal pintado como decoración interior. Dos de los más famosos son **Casa Alberto** (p. 84) y **El Anciano Rey de los Vinos,** frente a la **catedral de Nuestra Señora de la Almudena** (p. 50); pero, como son muy turísticos, quizá se prefiera **Casa Paco** y la **Casa de las Torrijas** (cerca de la plaza Mayor), céntricos también pero escondidos en bocacalles.

Rótulos callejeros

Un *souvenir* muy popular de Madrid son las reproducciones de sus bonitos rótulos callejeros, muchas veces con pinturas hechas a mano alusivas al nombre de la calle. En La Latina, p. ej., la **calle de la Mo-**

Placa de una tienda centenaria.

Casa Alberto.

Farmacia Juanse.

Huertas.

rería (p. 57) hace referencia a la época medieval cuando este era el barrio musulmán de Madrid, mientras que en los aledaños de la plaza Mayor, la **calle de Botoneras** (p. 50) se llama así porque en ella tuvo su sede el único gremio femenino de la ciudad. Aunque estos rótulos dan vida a la historia de la ciudad, en realidad datan de la década de 1990. En edificios más antiguos pueden verse también rótulos blancos del s. XIX con números azules que indican las manzanas.

Azulejería comercial de la década de 1920

En Madrid pueden verse muchos bares con fachadas de azulejos, pero solo unas cuantas son exponentes originales de la azulejería comercial que hizo furor en la ciudad a principios del s. XX. Lamentablemente, muchas de las piezas originales se perdieron por las estrictas leyes tributarias sobre publicidad exterior impuestas durante el franquismo. El ceramista que inició la moda fue Enrique Guijo, algunos de cuyos trabajos han sobrevivido en la **Farmacia Juanse** (p. 137) de Malasaña y en el andén de la **estación fantasma de Chamberí.** Para distinguir una copia de un original hay que mirarlos de cerca, porque muchas reproducciones modernas no están pintadas a mano sino impresas.

Fantasmas del comercio madrileño

Por la creciente toma de conciencia de la necesidad de conservar las fachadas comerciales de Madrid, los letreros antiguos de algunas tiendas gozan de protección legal, y al caminar por las calles se tropieza con ejemplos divertidos: en el barrio de las Letras puede verse un letrero de Ismael Guarner, fabricante de mesas de billar, sobre la librería **The Secret Kingdoms,** y en Malasaña una antigua vaquería acoge hoy **Flamingos Vintage Kilo** (p. 151), una tienda que vende ropa usada al peso.

FUERA DE RUTA

- Llevar a la mascota para que le impartan la bendición el 17 de enero en la **iglesia de San Antón** (p. 135), dedicada al patrono de los animales.
- Sumergirse en arte digital en **Espacio SOLO** (p. 118), una galería de vanguardia en el refinado barrio de Salamanca.
- Seguir los pasos de Hemingway bebiendo en bares históricos de **Huertas** (p. 82), el barrio literario de Madrid.
- Tomar un cóctel en el bar de la **Sala Equis** (p. 67), un antiguo cine porno.
- Maravillarse ante el jardín vertical de **Caixa Forum** (p. 106), un edificio que parece flotar sobre la calle.

MASA

Explora Madrid

Merece la pena

Circuitos a pie

Huertas (p. 73).
ALEX SEGRE/SHUTTERSTOCK ©

Sugerencias de lugares para comer, beber y comprar en **p. 54**

Explora
Plaza Mayor y Madrid de los Austrias

Los recién llegados a Madrid suelen guiar sus primeros pasos hacia la señorial plaza Mayor, antiguo centro de la vida madrileña. Escenario en otros tiempos de corridas de toros, ejecuciones y autos de fe, este espacio urbano del s. XVII presenta la impronta austera de la monarquía de los Austrias. Aunque se halla rodeada de calles tortuosas por donde no siempre es fácil orientarse, las dos vías rectas que atraviesan el barrio conducen al Palacio Real, inmenso edificio clasicista donde se percibe la poderosa influencia de la dinastía borbónica y que es de visita obligada para los degustadores del esplendor palaciego.

Cómo desplazarse

Metro
No lejos de la plaza Mayor, la estación de metro de Sol es de las más útiles: las líneas 1, 2 y 3 pasan por ella. También es útil Ópera (líneas 2 y 5): la 2 conduce al Banco de España (a un corto trecho de los museos), el parque del Retiro y el barrio de Salamanca.

Tren
Sol funciona también como estación de cercanías, pero a estos trenes solo es posible acceder desde la entrada principal.

Plaza Mayor.
MATTEO COLOMBO/GETTY IMAGES ©

★

LO MEJOR

MERCADO GASTRONÓMICO
Mercado de San Miguel (p. 48)

LUGAR SECRETO
Convento de las Descalzas Reales (p. 48)

TIENDA DE REGALOS
Antigua Casa Talavera (p. 55)

EDIFICIO HISTÓRICO
Iglesia de San Nicolás de los Servitas (p. 50)

PLAZA TRANQUILA
Plaza del Conde de Barajas (p. 51)

Más información
Imprescindible p. 38
Experiencias p. 48
Comer p. 54
Beber p. 55
Comprar p. 55
0 200 m
A
B
C
D
E
F
1
2
3
4
6 Templo de Debod
23 Café del Río
5 Ermita de San Antonio de la Florida
13 Casa de Campo
2 Convento de la Encarnación
28
29
38
47
27
MALASAÑA
Noviciado
Plaza de España
Santo Domingo
Callao
Jardines de Ferraz
Plaza de España
Jardines de Sabatini
Plaza de la Marina Española
Plaza de Santo Domingo
Plaza de la Encarnación
Plaza de Santa María Soledad
C de Juan Álvarez Mendizábal
C de Martín de los Heros
C de Ferraz
C de la Princesa
C del Maestro Guerrero
C de los Reyes
C de Manzana
C García Molinas
C Parada
C de San Bernardo
C de la Luna
C del Marqués de Leganés
C de la Flor Alta
C de los Libreros
C de Silva
C de Tudescos
Gran Vía
C de la Flor Baja
C del Río
C del Fomento
C del Reloj
C de Isabel la Católica
Cuesta de San Vicente
C de Bailén
C de Torija
C Guillermo Rolland
C de la Encarnación
C de la Bola
Cuesta de Santo Domingo
C de Jacometrezo
C de Preciados
C de San Quintín

A
B
C
D
E
F
5
6
7
8
CENTRO
Campo del Moro
24
Jardines del Cabo Noval
Plaza de Oriente
Jardines de Lepanto
Plaza de la Armería
Armería Real
Palacio Real
Galería de las Colecciones Reales
Catedral de Nuestra Señora de la Almudena
9
Parque del Emir Mohamed I
10
Puente de Segovia
22
C de Segovia
Viaducto
C de Bailén
C Mayor
Teatro Real
C de Felipe V
C de Carlos III
39
C Lepanto
C de Vergara
Plaza de Ramales
18
C de Requena
C del Factor
Plazuela de Santiago
19
C del Conde de Lemos
C de la Amnistía
C de la Unión
C de Santiago
26
33
C de Escalinata
42
43
C de las Fuentes
46
Ópera
Plaza de Isabel II
El Café de la Ópera
C del la Priora Flora
Costanilla Los Ángeles
C Conchas
Plaza de San Martín
C de San Martín
Postigo de San Martín
Convento de las Descalzas Reales
1
Plaza de las Descalzas
C del Maestro Victoria
C de Tetuán
C de Preciados
C del Carmen
Plaza de la Puerta del Sol
Sol
C del Arenal
Pasadizo de San Ginés
Chocolatería de San Ginés
14
Churrería-Chocolatería Las Farolas
16
C del Correo
Almacén de Pontejos
8
C de Esparteros
48
C de Postas
Casa de la Panadería
45
Chocolatería Tacita de Plata
15
49
Plaza Mayor
Fiestas de San Isidro
25
Plaza de la Provincia
36
35
C de Botoneras
C de la Bolsa
C de Atocha
C de la Concepción Jerónima
C del Doctor Cortezo
Casa Hernanz
7
C de Latoneros
C de Toledo
32
34
Plaza de Puerta Cerrada
C Cuchilleros
C de la Cava de San Miguel
40
41
17
Plaza del Conde de Barajas
C de la Pasa
C de San Justo
Mercado de San Miguel
4
30
31
44
C del Codo
3
Convento del Corpus Christi
C del Cordón
Plaza del Cordón
C de Segovia
C del Nuncio
Monumento a las Víctimas de Mauthausen
12
Iglesia de San Nicolás de los Servitas
11
C de Biombo
C del Sacramento
37
21
Café del Monaguillo
20
Plaza de la Cruz Verde
Plaza del Alamillo

★ IMPRESCINDIBLE

Plaza Mayor

La plaza Mayor se emplaza en el núcleo del llamado “Madrid de los Austrias”, en referencia a la casa de Austria o Habsburgo, que reinó desde 1516 hasta 1700. En esa época, fue el centro comercial y cultural de la ciudad, y es todavía el corazón popular de Madrid, sobre todo durante las Fiestas de San Isidro.

PLANO: P. 36 **E7**

CONSEJO
La oficina de turismo de Madrid, en la planta baja de la Casa de la Panadería, facilita información práctica y un plano gratuito de la ciudad.

Historia

Cuando en 1561 Felipe II estableció la corte en Madrid con carácter permanente, la nueva capital necesitó con urgencia un espacio público amplio y noble. Pero no fue hasta el reinado de Felipe III cuando se levantaron los edificios que rodean la plaza bajo la supervisión del arquitecto Juan Gómez de Mora. Con casas de cinco plantas y 377 balcones, la hermosa plaza Mayor se terminó en 1619, y sus tejados flamencos con chapiteles y muros ocres concuerdan con la estética austera de los Austrias. Tres pavorosos incendios devastaron los edificios; el último, en 1790, respetó la Casa de la Panadería, pero destruyó casi todo el entorno. La reconstrucción de Juan de Villanueva se mantuvo fiel al diseño original y solo redujo el número de pisos de cinco a tres.

Una habitación con vistas

La **Casa de la Panadería** (foto), en el norte de la plaza, brindaba las mejores vistas, y por eso el balcón de la primera planta estaba reservado para la familia real. La plaza era escenario de actos religiosos, obras teatrales, autos de fe inquisitoriales, ejecuciones y corridas de toros. Los nobles rivalizaban entre sí por ocupar los balcones con mejores vistas; cuanto más cerca del rey, mejor.

LLUÍS VINAGRE - WORLD PHOTOGRAPHY/GETTY IMAGES ©

Una historia sangrienta

Los actos de fe en la plaza atraían multitudes. A los herejes acusados de desviaciones del dogma o a los acusados de judaizar en secreto se les vestía con túnicas bordadas con llamas de fuego para indicar que iban a arder vivos extramuros de la ciudad. La mayoría se arrepentía y se les imponía una multa o pena de cárcel. Las ejecuciones pública eran otro poderoso reclamo: los reos de clase alta eran decapitados, y los menestrales morían en la horca y luego, en el garrote.

Fiestas actuales

La plaza Mayor es todavía escenario de festejos, entre los que destacan las **Fiestas de San Isidro** (p. 53) a mediados de mayo. La historia de la festividad se remonta a la inauguración de la plaza el 15 de mayo de 1619 con una ceremonia que celebraba la beatificación del patrono de Madrid.

UNA PAUSA
Es entretenido sentarse en las terrazas de la plaza para observar a la gente, pero por esta posición privilegiada se paga más.

★ IMPRESCINDIBLE

Palacio Real

Testamento en piedra del inmenso poder de la monarquía española, el Palacio Real es uno de los mayores palacios europeos. Aunque solo se abre al público una mínima parte de sus 3418 habitaciones, con eso basta para hacerse una idea de su opulencia.

PLANO: P. 36 **B6**

CONSEJO
Comprobar si el palacio está abierto: se sigue usando para ceremonias de Estado. Retirar una audioguía porque la información expuesta es escasa.

Escanea este código QR para información sobre horarios y billetes.

Renacido de las llamas

En la Nochebuena de 1734 se declaró en el Real Alcázar un incendio que duró días, arrasó la antigua fortaleza de origen musulmán reconvertida en palacio, y brindó al nuevo rey de la casa de Borbón la oportunidad de dejar su huella recortada en piedra sobre el cielo de Madrid. Felipe V encargó al arquitecto italiano Juan Bautista Sachetti un edificio inspirado en Versalles que rivalizara en dimensiones y opulencia con otros palacios europeos.

El primer rey Borbón de España no vivió para ver la conclusión de su proyecto en 1764, ni tampoco su heredero, Fernando VI, que al morir dejó el trono a su hermanastro Carlos III. El antiguo rey de Nápoles eligió a otro italiano, Francesco Sabatini, para que pusiera los remates finales a esta formidable edificación clasicista.

Los gustos suntuarios de un rey prudente

Por todo el palacio se siente la influencia de Carlos III, que decidió que no debería haber dos estancias iguales. Al igual que su padre, quiso emular el palacio de Versalles, como se aprecia sobre todo en el **salón de Gasparini,** con bordados de hilo de plata y seda en las paredes y suelos de mármol. El inteligente reinado de Carlos III se entiende mejor en la antecámara de su fastuoso **salón del Trono,**

EFIRED/SHUTTERSTOCK ©

decorado con tapices de campesinos felices; de esta manera se pretendía causar a quienes esperaban para ser recibidos en audiencia la impresión de que el monarca profesaba gran afecto a sus súbditos.

¡Presenten armas!

La **Armería Real** se encuentra en el extremo opuesto del patio según se sale del palacio. Sobre la impresionante colección se proyecta la larga sombra de Carlos V, un rey que participó en varias batallas, como lo prueba su equipo de combate, en el que ni siquiera falta una armadura forjada a medida para su perro de caza. La exposición puede resultar abrumadora, pero vale la pena fijarse en una espada de tiempos del Cid, una daga nazarí supuestamente tomada tras el sitio de Granada en 1492, los guanteletes con púas de Fernando de Aragón y un traje de samurái del s. XVI.

UNA PAUSA
En el palacio no hay cafetería; lo más recomendable es intentar sentarse en la terraza del **Café de Oriente,** con vistas preciosas del edificio.

★ IMPRESCINDIBLE

Galería de las Colecciones Reales

La visita a este museo inaugurado en el 2023 proporciona una excelente visión global de la historia de la monarquía española a través de una inmensa colección de tesoros que incluye pinturas de Velázquez, Caravaggio y Goya, tapices flamencos, armaduras, muebles espléndidos y carruajes ricamente decorados.

PLANO: P. 36 **A7**

CONSEJO
Si se piensa visitar el palacio, comprar por 24 € un billete combinado para los dos sitios; sale bastante más barato que los billetes por separado.

Escanea este código QR para información sobre horarios y billetes.

Los Austrias

La 1ª planta, dedicada a los Austrias, empieza con unos magníficos tapices. La colección de armaduras es extraordinaria, en particular la que llevó Carlos V en la batalla de Mühlberg, que se forjó teniendo en cuenta la gota y la artritis que padecía el monarca.

A la vuelta de la esquina se admira el maravilloso *Caballo blanco* pintado por Diego Velázquez, y cerca la asombrosa *Adoración del nombre de Jesús* de El Greco y la sombría *Salomé con la cabeza del Bautista* de Caravaggio.

Muralla medieval

Una sala aparte expone una sección de la antigua muralla de la ciudad, construida en tiempos de Mohamed I de Córdoba, en el s. IX, cuando Madrid era apenas un puesto militar fronterizo. Los restos aparecieron durante la construcción del museo, y aquel lejano período cobra vida con un vídeo que explica cómo este alcázar en los confines del mundo musulmán se transformó en un palacio real en el centro de un imperio cristiano.

Los Borbones

La 2ª planta está dedicada a la casa de Borbón. El cambio de ambiente tras la sobriedad de los Aus-

OSCAR GONZALEZ FUENTES/SHUTTERSTOCK ©

trias se percibe al instante con los enormes retratos de Felipe V y su esposa Isabel de Farnesio, obra de Louis-Michel van Loo, dominando la entrada; esta obra marca el tono del resto de la exposición, donde se evidencia la querencia de los Borbones por el esplendor sin mesura.

Es especialmente notoria la influencia neoclásica ejercida por Carlos III, que fue rey de Nápoles antes de ceñir la corona española. Aunque su reinado, presidido por las ideas ilustradas, se distingue por sus intentos de fomentar la industria -como la fábrica de porcelanas- en España, su sucesor, Carlos IV, fue un monarca de cortedad de miras. El brillante cuadro de Francisco de Goya que lo representa junto con su casquivana esposa es una de las joyas de la sección, junto con el retrato ecuestre de un arrogante Alfonso XIII pintado por Ramón Casas; fue el último rey de España antes de que se instaurara la II República, en 1931.

UNA PAUSA
La **cafetería,** cerca del vestíbulo, solo puede visitarse antes de entrar. Para comer después de la visita, es mejor salir por la parte de la catedral que por la planta baja.

★ IMPRESCINDIBLE

Teatro Real

Escenario de muchas noches mágicas, el Teatro Real mira al Palacio Real, al otro lado de los setos de la plaza de Oriente. La remodelación moderna de este teatro de la ópera inaugurado en 1859 ha dejado unos ingeniosos espacios interiores que vale la pena conocer.

PLANO: P. 36 **C5**

CONSEJO
Si no se consiguen entradas para la ópera, en el espectáculo "Una cena cantada" de **El Café de la Ópera** se puede comer escuchando a cantantes de ópera.

Escanea este código QR para ver lo que hay en cartel y comprar las entradas.

La conexión real

El Teatro Real fue encargado por Fernando VII e inaugurado el 19 de noviembre de 1850 por su hija Isabel II, cuya estatua saluda a quienes acceden al edificio por la plaza de Isabel II. La insulsa fachada neoclásica esconde mundos mágicos que se despliegan ante los espectadores tras la puesta del sol.

La expectación crece a medida que el público ocupa sus asientos en la enorme sala principal, que se alza a la mareante altura de 76 m. Mientras afina la orquesta es el momento de echar un vistazo al palco real, enfrente mismo del escenario.

Reinvención

La inundación del sótano provocó el cierre del teatro en 1924, y cuando se reabrió en 1966 ya no servía para cumplir su función. Pero en 1997, tras siete años de reformas, quedó convertido en un teatro de ópera dotado de la más avanzada tecnología. Después de una renovación integral, entre bambalinas el edificio alcanza 14 plantas hacia arriba y ocho hacia abajo. El escenario, que ofrece a los intérpretes más espacio que el ocupado por el público, dispone de 18 plataformas articuladas y numerosas grúas que permiten mover las escenografías.

EFIRED/SHUTTERSTOCK ©

Circuitos

Si se tiene interés en el edificio en sí, vale la pena reservar por 8 € una visita con audioguía en la web del Teatro Real. Para conocer a fondo el funcionamiento del teatro hay que apuntarse a una "visita técnica" guiada por el día (20 €) que explica los movimientos de plataformas, el montaje y construcción de decorados y la preparación de un escenario de ópera.

Reservas

Las entradas para las funciones con grandes figuras como Plácido Domingo se agotan rápidamente. Los asientos de la 6ª planta caen en pronunciada pendiente y son desaconsejables para quienes padezcan de vértigo. Si se reservan las localidades más baratas con visibilidad limitada, se podrá ver la función en un monitor.

UNA PAUSA
En las noches de verano se abre el balcón del **bar del Teatro Real** para presentar al público una de las mejores vistas de Madrid.

CIRCUITO A PIE

El casco histórico de Madrid

Este circuito a pie atraviesa el centro histórico de la ciudad. La calle Mayor soporta mucho tráfico, pero el resto de la ruta es peatonal, y si se empieza el recorrido 1 h antes de la puesta del sol, se llega a tiempo para descubrir las mejores vistas de Madrid.

INICIO	FINAL	DURACIÓN
Mercado de San Miguel	Templo de Debod	2,8 km; 40 min

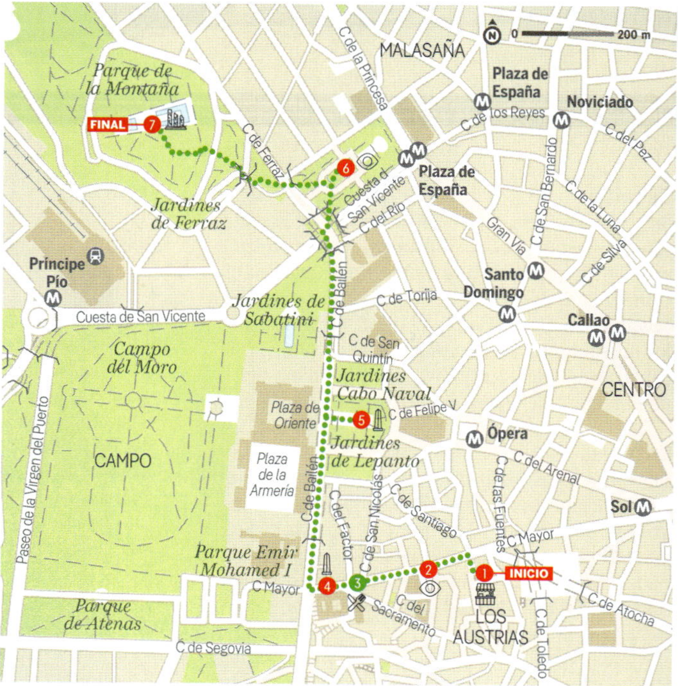

1 El mercado

El populoso **mercado de San Miguel** es un festín para la vista y el paladar; vale la pena curiosear en el interior antes de seguir la ruta. Se aconseja aprovechar los aseos del mercado, porque los baños públicos escasean en Madrid.

2 Casco medieval

La **plaza de la Villa** fue el ágora principal del Madrid medieval y conserva algunos de los edificios más antiguos de la ciudad. En la casa y torre de los Lujanes, una construcción mudéjar del s. xv, destaca el arco de herradura de la entrada.

3 Una pausa

Más adelante, por el otro lado de la calle, es recomendable hacer un alto para beber y picar algo en **Casa Ciriaco.** En 1906, un anarquista lanzó una bomba al carruaje nupcial de Alfonso XIII y Victoria Eugenia desde un piso sobre la histórica tasca. La pareja real resultó ilesa, pero 25 personas murieron.

4 Una estatua singular

Calle abajo se llega a una estatua en bronce de un hombre apoyado en una barandilla. **'El vecino curioso'** pretendía guiar la atención hacia las ruinas de Santa María de la Almudena, una iglesia construida sobre la mezquita medieval de la ciudadela; pero, tal como evidencia su pulido trasero, la gente parece más interesada en frotarle las nalgas.

5 El palacio y su entorno

Se tuerce a la derecha para pasar por la catedral de Nuestra Señora de la Almudena y el Palacio Real, fijándose por el camino en la estatua de **Felipe IV** en la plaza de Oriente.

6 Legado totalitario

Dejando el palacio a la izquierda, se continúa por la peatonal calle Bailén hasta la **plaza de España.** Rodeada de apabullantes construcciones de la época franquista, esta plaza se ha suavizado tras una reciente remodelación que ha añadido árboles, parterres y bancos.

7 Templo egipcio

El **templo de Debod** se trajo de Egipto piedra a piedra. Desde el mirador adyacente se contemplan unas vistas inigualables del palacio y la Casa de Campo.

EXPERIENCIAS

Descubrir la espiritualidad de Madrid
CONVENTOS HISTÓRICOS

De los cinco conventos activos situados en los aledaños del palacio, el más notable es el **convento de las Descalzas Reales** (PLANO: 1 P. 36 E5), con extraordinarios frescos del s. XVII decorando su escalera principal. Que las monjas hayan hecho voto de pobreza no impide que estén sentadas sobre tesoros artísticos que pueden verse a diario en circuitos guiados que se reservan en la web de Patrimonio Nacional; ningún aficionado al arte debería perdérselos.

La misma web permite concertar también la visita a otro monasterio vinculado con la realeza, el **convento de la Encarnación** (PLANO: 2 P. 36 C4), en el que destaca una sala repleta de relicarios. A las monjas jerónimas del **convento de las Carboneras del Corpus Christi** (PLANO: 3 P. 36 C7) se les puede comprar, además, ricos dulces a través de un torno.

Recorrer el mercado de San Miguel
MERCADO

PLANO: 4 P. 36 D7

Inaugurado en 1916, el **mercado de San Miguel** es el último superviviente de los mercados de cristal y forja que adquirieron popularidad en Madrid a fines del s. XIX, cuando sustituyeron a los instalados al aire libre. Como en estos enormes invernaderos hacía muchísimo calor, al final fueron derribados; pero el de San Miguel conservó su hermosa estructura y se mantuvo abierto y con intensa actividad hasta la década de 1990, cuando los mercados municipales cubiertos empezaron a perder clientela en favor de los supermercados.

En el 2009, los puestos de San Miguel fueron convertidos en pequeños establecimientos de comida y bebida. El plan triunfó al instante y el mercado se llenó de gente deseosa de vivir un experiencia gastronómica. Otros mercados en decadencia siguieron el mismo camino y volvieron a la vida; aunque su estética no es tan elegante como la de San Miguel, son una buena opción si no se soportan las aglomeraciones. Al mercado de San Miguel hay que ir pletóricos de energía, para imbuirse del ambiente bullanguero que tanta fama reporta a Madrid.

Maravillarse con los frescos de Goya
ARTE

PLANO: 5 P. 36 A4

A orillas del río se esconde la **ermita de San Antonio de la Florida,** uno de los secretos más sorprendentes de Madrid, que no solo alberga obras extraordinarias de Francisco de Goya en el s. XVIII, sino los propios huesos del artista.

La cúpula de la ermita, pintada por el maestro en 1798 por encargo de Carlos IV, es uno de los pocos lugares donde pueden verse obras de Goya en su emplazamiento original. Los frescos representan un milagro de san Antonio de Padua, que resucita a un joven asesinado para que declare en favor del padre del santo, acusado injustamente de haberlo matado.

La iglesia es tan visitada que se ha construido una réplica del templo al lado para que los visitantes no incomoden a los fieles durante el culto. El pintor recibió sepultura delante del altar mayor; sus restos fueron trasladados en 1919 desde Burdeos, en Francia, donde murió en 1828 tras un exilio voluntario.

Ver la puesta del sol desde el templo de Debod TEMPLO EGIPCIO

PLANO: 6 P. 36 A1

En los altos de la ciudad y rodeado de árboles, este templo compone una estampa cautivadora. Regalado a España en agradecimiento por su ayuda para salvar los templos de Abu Simbel en Egipto, este templo del s. II a.C. dedicado al dios Amón y la diosa Isis fue traído desde el Nilo, reconstruido piedra a piedra y abierto al público en 1972. En el interior hay poco sitio, pero la entrada es gratuita y la visita dura solo 30 min.

Calculando bien la hora se podrá ver desde el mirador cercano cómo los últimos rayos del sol pintan de rosa el palacio y la catedral. El templo se enclava en el parque donde se hallaba el antiguo **cuartel de la Montaña,** destruido durante la Guerra Civil. En la escalera principal que sube al parque, el **monumento a los Caídos** (1972) recuerda a los fallecidos en el sangriento asalto al cuartel.

Descubrir las calles gremiales en torno a la plaza Mayor CALLES HISTÓRICAS

En la maraña de calles históricas que rodean la plaza Mayor se encuentran restos de los gremios del Madrid del s. XVII. En el ángulo suroeste de la plaza, el arco de Cuchilleros baja hasta la **calle de Cuchilleros,** donde existieron numerosas tiendas de cuchilleros y espaderos. Por aquí se desemboca en la calle de Toledo, donde **Casa Hernanz** (PLANO: 7 P. 36 D8), fundada

SOL ETERNO

Un barómetro roto fijado a una torre de la plaza Mayor indica un permanente "buen tiempo". Como es natural, no siempre luce el sol en Madrid, pero en verano las máximas diurnas suelen rondar los 40 °C. Estas temperaturas resultan insoportables cuando se hace cola para la taquilla del Palacio Real, una zona con poca sombra; hay que llevar agua y una sombrilla. Pero mejor es comprar en línea una billete combinado para la Galería de las Colecciones Reales: así se podrá visitar el palacio por la mañana y disfrutar del aire acondicionado del museo por la tarde.

en 1845, continúa vendiendo alpargatas.

Del extremo suroriental arranca la **calle de Botoneras,** donde tuvo su sede uno de los pocos gremios dirigidos por mujeres, como refleja el encantador rótulo ilustrado de la calle. En la cercana zona de Pontejos, entre Sol y la plaza Mayor, quedan todavía mercerías y tiendas de tejidos que antaño proveían a la corte; la más interesante, el **Almacén de Pontejos** (PLANO: 8 P. 36 **F6**), se fundó en 1913 y es un tesoro de botones, pasamanería, lanas, cintas y otros artículos.

Encontrar los orígenes de Madrid — JARDINES

Algunos vestigios de al-Ándalus, la España musulmana, permanecen profundamente enraizados en la arquitectura. Del árabe *al-mudayna* ("ciudadela") procede el nombre de la **catedral de Nuestra Señora de la Almudena** (PLANO: 9 P. 36 **A7**), que se emplaza en el solar de la antigua fortaleza sobre el **parque del Emir Mohamed I** (PLANO: 10 P. 36 **A7**), donde se encuentran las murallas primigenias de Madrid, del s. IX. Solo los fines de semana se puede acceder a este parque cercado por una verja de hierro en una calle poco transitada por los visitantes; y es una pena, porque los jardines son muy agradables. El parque toma nombre del emir musulmán que ordenó la construcción de una fortaleza en el lugar ocupado hoy por la catedral y el Palacio Real. Maŷriṭ o Mağrīṭ formaba parte de una cadena de fortificaciones erigidas para proteger la ciudad de Toledo de los cristianos que atacaban desde el norte. Junto a la cripta de la catedral puede verse una maqueta de la ciudadela.

Conocer la iglesia más antigua de Madrid — IGLESIA

PLANO: 11 P. 36 **C7**

En época medieval, los cristianos solían convertir en iglesias las mezquitas de los territorios reconquistados. No es de extrañar, por tanto, que muchos tomen por un alminar el campanario del s. XII, con arcos de herradura y planta cuadrada, de la **iglesia de San Nicolás de los Servitas.** Pero lo más probable es que la iglesia más antigua de la ciudad se construyera poco después de que Alfonso VI reconquistara Madrid a los musulmanes. El rey expulsó a la casta gobernante, pero a los menestrales se les permitió quedarse. Los constructores mudéjares de la torre gozaban de mucho prestigio.

El resto de la iglesia data en su mayor parte del s. XV. Las bóvedas son del gótico tardío, y los bellos artesonados, más o menos de la misma época. El horario de apertura es irregular, pero el interior es bastante anodino, y se pueden ver ejemplos mucho más valiosos de artesonados mudéjares en el **Museo Arqueológico Nacional** (p. 114), en el barrio de Salamanca.

Detenerse en el monumento a las Víctimas de Mauthausen MONUMENTO

PLANO: 12 P. 36 **C7**

Junto a la plaza de la Villa, el **monumento a las Víctimas de Mauthausen** recuerda los 449 madrileños republicanos enviados a campos de trabajo nazis durante la II Guerra Mundial; solo dos de cada tres sobrevivieron a su confinamiento en aquellas terribles condiciones. La enorme escultura de acero de José Miguel Utande instalada en la plaza del Rollo en el 2023 prueba que Madrid está hoy preparada para llorar a quienes perdieron la vida combatiendo en el bando perdedor.

Comer ricos churros GASTRONOMÍA

El chocolate con churros de la **Chocolatería de San Ginés** (PLANO: 14 P. 36 **E6**) es todavía uno de los mejores de la zona, como certifican las largas colas a la puerta. Estas delicias de sartén mojadas en una taza de espeso chocolate caliente son la manera perfecta de empezar o terminar el día. Tan visitada por personas mayores como por la juventud discotequera que necesita reponer fuerzas antes de irse a dormir, San Ginés abre las 24 h los fines de semana.

Abierta en 1884, las fotografías expuestas dentro cuentan su larga historia. Aunque la empresa ha exportado la marca por todo el mundo, la calidad del producto sigue siendo excelente. Si apetece más sentarse que hacer cola, las cercanas **Chocolatería Tacita de Plata** (PLANO: 15 P. 36 **E7**) y la **Churrería-Chocolatería Las Farolas** (PLANO: 16 P. 36 **E6**) ocupan un digno segundo puesto.

EL PULMÓN DE MADRID

PLANO: 13 P. 36 **A4**

La **Casa de Campo** es un inmenso parque al otro lado del río, frente al Palacio Real. Hoy es un espacio público, pero en sus orígenes era un coto de caza real. En 1931, el Gobierno republicano lo cedió al pueblo de Madrid. Durante el sitio de la capital, las tropas de Franco acamparon en esta zona, desde donde bombardearon la ciudad. Desde uno de los puntos más altos se divisa la sierra de Guadarrama, barrera natural que frenó los primeros intentos de Franco de tomar Madrid.

Tomarse un respiro PLAZAS TRANQUILAS

Pese a su innegable condición turística, esta zona del centro de alberga plazas fantásticas y tranquilas, como la **plaza del Conde de Barajas** (PLANO: 17 P. 36 **D8**), donde se instala los domingos un magnífico mercado de artesanía, y la **plaza de Ramales** (PLANO: 18 P. 36 **C6**), en la que yacen dispersos los huesos de Velázquez. Una de las preferidas es la **plazuela de Santiago** (PLANO: 19

P. 36 **C6**), donde puede verse a los peregrinos entrando en la iglesia de Santiago y San Juan Bautista para obtener su credencial antes de emprender el Camino de Santiago.

Otra plaza preciosa a resguardo del gentío es la **plaza de la Cruz Verde** (PLANO: 20 P. 36 **C8**); antes asociada a la Inquisición, aquí se encuentra el **Café del Monaguillo** (PLANO: 21 P. 36 **C8**), un oasis de tranquilidad que también vende libros de segunda mano. Al otro lado de calle, en La Latina, se esconde el histórico **jardín del Príncipe de Anglona** (p. 66), con bancos de piedra.

Pedalear a orillas del río CICLISMO

En los veranos de épocas pasadas, el agua del Manzanares ni siquiera alcanzaba para que un pobre gorrión se remojara las patas, lo que no impidió que se construyera el señorial **puente de Segovia** (PLANO: 22 P. 36 **A8**). En el s. XVII, el contraste entre la majestuosidad del puente y el exiguo caudal del río se convirtió en objeto de mofa; Lope de Vega le dedicó su irónico soneto *Laméntase Manzanares de tener tan gran puente.*

Hoy, tanto pájaros como humanos acuden al río de Madrid, que no solo ha sido canalizado, incrementando su caudal, sino también ajardinado. Entre el 2003 y el 2011 se soterró la contaminante carretera de circunvalación M-30, y toda la zona se convirtió en un parque.

Para recorrer el río a lo largo y ancho, lo mejor es alquilar una bicicleta en cualquier estación de BiciMAD. Junto al **Café del Río** (PLANO: 23 P. 36 **A4**), los aficionados a los selfis pueden sacarse un foto a unas enormes letras azules con el nombre de la ciudad, tendida en cuesta a sus espaldas.

Visitar a los pavos reales en el Campo del Moro JARDINES

PLANO: 24 P. 36 **A5**

El nombre de estos preciosos jardines se remonta a la Edad Media, cuando un ejército almorávide intentó reconquistar la ciudad en el año 1110. Combatiendo en posición de desventaja, porque

VALLE-INCLÁN

En la fachada de **Casa Ciriaco,** en la calle Mayor, una placa recuerda a Ramón María del Valle-Inclán, autor de *Luces de bohemia.* Concebida en esta casa de comidas, la obra sigue las andanzas nocturnas del poeta ciego y sifilítico Max Estrella y constituye una crónica burlesca de la España de la época, en la que se denuncia el penoso estado de la política y la cultura. Valle-Inclán persiguió con saña al dramaturgo conservador José Echegaray, ganador del Premio Nobel en 1904, y cuando asistía a sus obras lanzaba a los actores comentarios burlescos a cuenta del diálogo. Su animosidad empezó cuando las autoridades españolas presionaron a la Academia Sueca para que premiara a Echegaray.

Templo de Debod (p. 49).
BILDAGENTUR ZOONAR GMBH/SHUTTERSTOCK ©

atacaban cuesta arriba hacia el punto que hoy ocupa el palacio, los musulmanes fracasaron en su empresa. Los jardines se trazaron en el s. XVIII en imitación de los que rodean el palacio de Versalles, como se aprecia sobre todo en el paseo este-oeste conocido como **Praderas de las Vistas del Sol,** con el Palacio Real como telón de fondo. El centro de atención de los jardines, en mitad de las Praderas, es la elegante **fuente de las Conchas,** diseñada por Ventura Rodríguez, el equivalente arquitectónico de Goya en el Madrid del s. XVIII. El único acceso al público desde la calle es el paseo de la Virgen del Puerto, un poco lejos del Palacio Real. También se puede acceder después de la visita a la Galería de las Colecciones Reales.

Asistir a las Fiestas de San Isidro

FIESTA

PLANO: 25. P. 36 **E7**

Los festejos en honor del patrono de Madrid empiezan días antes del 15 de mayo, fecha de la onomástica del santo. Estas son las fiestas grandes del año, con conciertos por toda la ciudad, principalmente en la plaza Mayor, donde la gente luce claveles rojos y baila el chotis. Los hombres llevan chalecos y parpusas (gorras a cuadros); las mujeres, vestidos de alegres colores y mantones. El ambiente es distendido y acogedor, y cualquiera puede sumarse al jolgorio.

SUGERENCIAS

Lo mejor para...

€ Económico €€ Medio €€€ Alto

Localizaciones en el plano de la **p. 36**

Comer

Menú del día

Restaurante-Bar Refra €
26 C6
Muy visitado por la gente de la zona, ofrece a la hora del almuerzo menús muy económicos, algo poco común en el centro. *7.30-24.00*

El Chulo de Madrid €
27 D4
Croquetas y tarta de queso magníficas, más un menú a buen precio a la hora del almuerzo. *9.00-2.00*

La Tasca de Ventura €€
28 B1
Menús generosos con muchas opciones de primeros y segundos; si solo se quiere un plato, cuesta 2 € menos. *12.00-1.00*

La Charca Taberna €€
29 B2
Cocina asturiana de primer nivel a precios asequibles si se pide el menú del día. *8.00-24.00 lu-sa, 13.00-17.00 do*

Puestos del mercado de San Miguel

Tatún €
30 D7
Un templo del atún rojo salvaje de almadraba en forma de tartar, brochetas, tataki, *poké* y otras creaciones *gourmet*. *10.00-24.00*

La Casa del Bacalao €
31 D7
La mejor relación calidad-precio del mercado de San Miguel, con canapés de bacalao, anchoas y pulpo. *10.00-24.00*

Cocina española tradicional

Casa Revuelta €
32 D8
La fama le viene sobre todo por su pincho de bacalao rebozado, pero también son magníficos los torreznos y los callos. *10.30-16.00 ma-do y 17.00-23.00 ma-sa*

El miniBAR €
33 D6
Íntimo y reputado por su suculento confit de pato y los rollitos de jabalí con salsa de champiñones portobello. *10.00-1.00 lu-vi, 12.00-2.00 sa y do*

Restaurante Sobrino de Botín €€€
34 D8
El restaurante más antiguo de Madrid, famoso por su cochinillo asado. *13.00-16.00 y 20.00 lu-do*

Bocadillos de calamares

La Campana €
35 E7
Quizá el sitio más famoso de Madrid para comer bocadillos de calamares, siempre con cola (eso sí, avanza rápido). *10.00-23.00*

La Ideal €
36 E7
Al lado de La Campana e igual de abarrotado de gente que pide los bocadillos para llevar y comérselos en la plaza Mayor. *9.30-23.00*

El Calamar €
véase 17 D8
El mejor sitio para comer bocadillos de calamares en una terraza. *12.00-23.15*

Restaurantes

Rollo Ocho €€
37 C8
Comida española de temporada en una terraza al

aire libre con pavimento de adoquines y vistas fantásticas del viaducto de Madrid. *18.00-2.00 lu-ju, desde 12.30 vi-do*

El Club Allard €€€

38 B2

Este restaurante con una estrella Michelin deslumbra con su imaginativo menú de degustación de 10 platos. *13.00-14.30 y 19.30-21.00 mi-sa*

Cafés

Café de Oriente €€€

39 C5

Toda una institución, con vistas al palacio y famoso por su chocolate y sus torrijas. *11.00-24.00*

Federal Café €€

véase 17 D8

Desde los huevos a la benedictina hasta la *shakshuka*, los desayunos son magníficos en este café informal. *9.00-22.00 lu-sa, hasta 20.00 do*

Beber

Trasnochar

Taberna Bodegas Ricla

40 D8

Histórica taberna que sirve vinos, cavas y vermús con tapas tradicionales. *13.30-20.00 mi y ju, hasta 21.00 vi y sa, hasta 18.00 do y lu*

Plaza Menor

41 D8

Se empieza por la tarta de zanahoria y se termina con los mojitos en este bar acogedor instalado en una especie de cueva. *18.00-24.00 ma-do*

Wanderlust Bar

42 D6

Bar frecuentado por jóvenes que ofrece narguiles junto con cócteles generosos a precios moderados. *20.00-3.00*

Café Madrid

43 D6

Cócteles servidos con un punto de teatralidad en este refinado establecimiento con vistas a la zona del Teatro Real. *18.00-2.00 lu-sa*

Pinkleton & Wine

44 D7

Bar y tienda de vinos del mercado de San Miguel con una buena selección por copas que incluye cavas y champanes. *10.00-24.00*

Comprar

'Souvenirs'

Casa Yustas

45 E7

Desde boinas tradicionales hasta elegantes panamás, en los estantes de madera de este histórico comercio hay sombreros de todo tipo. *10.00-20.00 lu-sa, desde 11.00 do*

Torrons Vicens

46 D6

Turrones tradicionales y modernos que se pueden probar gratis a la entrada. *9.30-22.00*

Antigua Casa Talavera

47 D4

Azulejos y loza de Talavera de la Reina y otros famosos centros productores de cerámica; merece la pena visitarlo solo por ver la fachada. *10.00-14.00 y 17.00-20.00 lu-vi*

D'Pertiñez

48 F7

Para comprar vestidos y complementos de flamenco, una vistosa peineta o un tradicional mantón de Manila. *10.00-14.00 y 17.00-20.30 lu-sa*

La Favorita

49 D7

El Che Guevara compró su celebérrima boina en esta tienda de la plaza Mayor que vende desde gorras hasta distinguidos *trilby*. *9.30-13.30 y 15.00-20.00 lu-vi*

Sugerencias de lugares para comer, beber y comprar en **p. 70**

Explora
La Latina y Lavapiés

Estos barrios colindantes cuentan dos caras de la historia de Madrid: uno, la de la preservación de su pasado; otro, la de su presente en rápida transformación. La Latina, antigua morería, es uno de los barrios más antiguos de la ciudad, un laberinto de rincones inesperados que pinta una estampa del Madrid histórico. A pocas calles, el multicultural barrio de Lavapiés era el antiguo vecindario de los judíos conversos, convertido a lo largo del s. XIX en uno de los más castizos de la villa y, desde finales del s. XX, en residencia de una cuantiosa población extranjera. Hoy, la gentrificación se ha adueñado de la zona, convirtiéndola en sitio de moda de la intelectualidad de izquierdas.

Cómo desplazarse

Metro

La estación de metro de La Latina queda cerca del límite entre los dos barrios, así que es un buen punto de partida para explorar la zona. La parte principal de Lavapiés se halla más cerca del metro homónimo, al pie de la cuesta y bien situada para ir a los restaurantes y bares de la calle de Argumosa.

A pie

Cuidado con las pronunciadas cuestas de Lavapiés. Para ir un domingo al Rastro, lo mejor es bajar en el metro de La Latina.

Lavapiés.
DANIELCZS/SHUTTERSTOCK ©

LO MEJOR

LUGAR HISTÓRICO
Escuelas Pías de San Fernando (p. 68)

FIESTA
Tapapiés (p. 68)

CINE
Cine Doré (p. 68)

JARDÍN SECRETO
Jardín del Príncipe de Anglona (p. 66)

MERCADO CALLEJERO
El Rastro (p. 66)

A
B
C
D
1
2
3
4
5
6
C Mayor
Plaza Mayor
C de Bailén
C del Sacramento
Plaza del Cordón
C de la Pasa
Plaza Conde de Barajas
C de Toledo
C de San Justo
C de Segovia
Jardín del Príncipe de Anglona
Plaza de Puerta Cerrada
Plaza de Segovia Nueva
C de la Colegiata
Posada del Dragón
Posada del León de Oro
Plaza de la Paja
Costanilla de San Pedro
Palacio de los Vargas
C del Almendro
Museo de San Isidro
Corral de la Morería
C de la Morería
C de Alfonso VI
C de Redondilla
C de Yeseros
Capilla del Obispo
Plaza de San Andrés
C de la Cava Alta
Calle de la Cava Baja
C de los Estudios
C de Don Pedro
Plaza de la Cebada
Cafetería San Francisco 13
C de San Isidro Labrador
Carrera de San Francisco
Plaza de San Francisco
Mercado de la Cebada
La Latina
LA LATINA
Plaza de Cascorro
C de Ruda
C de los Embajadores
Basílica de San Francisco el Grande
C de Luciente
C del Mediodía Grande
C de Humilladero
C del Ángel
C de López Silva
C de Santa Ana
C de Calatrava
Gran Vía de San Francisco
C de Águila
Plaza General Vara del Rey
El Rastro
C de la Paloma
C Mira el Río Alta
Museo de Artes y Tradiciones Populares
C del Carnero
C de Rodas
Ronda de Segovia
C del Capitán Salazar Martínez
C Arganzuela
C Mira el Río Baja
C de Carlos Arniches
EL RASTRO
C de la Ribera de los Curtidores
C Mira el Sol
Glorieta de Puerta de Toledo
Puerta de Toledo
Plaza Campillo del Mundo Nuevo
Ronda de Toledo
Paseo de los Pontones
Paseo de los Olmos
Jardín del Rastro
1
2
3
4
5
6
7
8
12
15
16
17
18
19
21
26
27
28
29
30
31
35
36
37
38
39
40
41
42
43

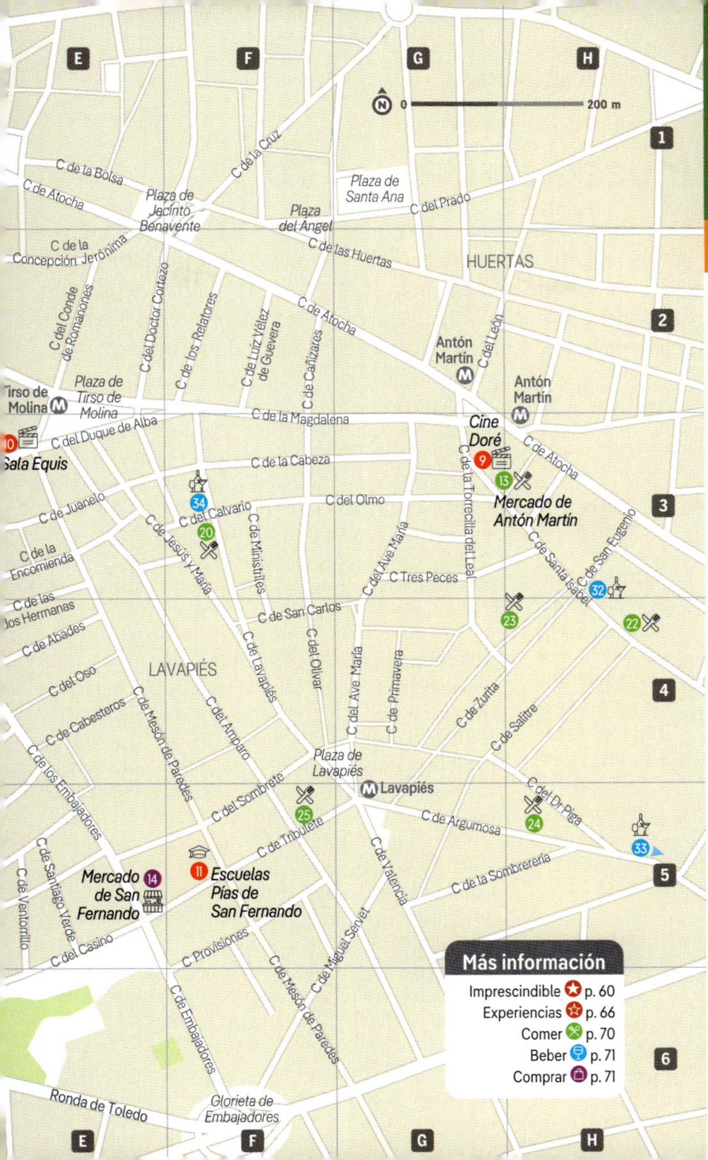
E
F
G
H
0
200 m
1
2
3
4
5
6
C de la Bolsa
C de Atocha
Plaza de Jacinto Benavente
C de la Cruz
Plaza de Santa Ana
Plaza del Ángel
C del Prado
C de la Concepción Jerónima
C de las Huertas
HUERTAS
C del Conde de Romanones
C del Doctor Cortezo
C de los Relatores
C de Luiz Vélez de Guevera
C de Cañizares
C de Atocha
Antón Martín
C del León
Antón Martín
Tirso de Molina
Plaza de Tirso de Molina
C de la Magdalena
C del Duque de Alba
Cine Doré
9
Sala Equis
10
C de la Cabeza
C de la Torrecilla del Leal
C de Atocha
13
Mercado de Antón Martín
C de Juanelo
34
C del Calvario
C del Olmo
20
C de Jesús y María
C de Ministriles
C del Ave María
C Tres Peces
C de Santa Isabel
C de San Eugenio
32
C de la Encomienda
C de las Dos Hermanas
C de San Carlos
23
22
C de Abades
C del Oso
LAVAPIÉS
C de Lavapiés
C del Olivar
C del Ave María
C de Primavera
C de Zurita
C de Cabesteros
C de Mesón de Paredes
C del Amparo
C de Salitre
C de los Embajadores
Plaza de Lavapiés
Lavapiés
C del Sombrete
25
C de Argumosa
24
C del Dr Piga
C de Tribulete
33
C de Valencia
C de la Sombrerería
C de Santiago Verde
Mercado de San Fernando
14
11
Escuelas Pías de San Fernando
C de Ventorrillo
C del Casino
C Provisiones
C de Miguel Servet
C de Mesón de Paredes
C de Embajadores
Ronda de Toledo
Glorieta de Embajadores
Más información
Imprescindible p. 60
Experiencias p. 66
Comer p. 70
Beber p. 71
Comprar p. 71

★ IMPRESCINDIBLE

Museo de San Isidro

Abierto a diario y gratuito, el Museo de San Isidro ocupa un edificio de nueva construcción, pero con un patio renacentista del s. XVI y una capilla del s. XVII. Aparte de lo relativo al patrono de Madrid, se exponen hallazgos arqueológicos prehistóricos, restos romanos y una sección sobre el Madrid musulmán.

PLANO: P. 58 **B3**

CONSEJO
La colección sigue un orden cronológico, pero como hay mucho que ver es mejor ir directamente a las secciones que más interesen.

Escanea este código QR para precios, horarios y demás.

Prehistoria

Algunas de las piezas arqueológicas y paleontológicas del Museo de San Isidro se remontan al Pleistoceno, como restos de mamuts, rinocerontes y especies extintas que compartieron el valle fluvial con sus primeros cazadores-recolectores. Los humanos más antiguos vivieron en el valle del Manzanares, en lo que hoy es Madrid, hace entre 400 000 y 9000 años.

Los romanos y el Madrid musulmán

La exposición continúa su recorrido por la larga historia de Madrid con secciones sobre la época romana, la conquista visigoda y sus días como ciudadela musulmana de Mayrit. Junto a los objetos encontrados en una tumba visigoda se exhibe una selección de las pinturas, cerámica y cristal hallados entre los restos de una villa romana en el barrio de Carabanchel. Una de las piezas más valiosas es el mosaico del s. IV.

El primer poblamiento de lo que hoy es Madrid se produjo durante el período de al-Ándalus, y una sección dedicada a los orígenes musulmanes de la ciudad expone restos encontrados en las cercanías del Palacio Real; especialmente curiosa es la maqueta de la ciudad que muestra la evolución de las murallas a partir de las fortificaciones levantadas por orden de Mohamed I de Córdoba en el s. IX.

LUIS SEIJIDO/SHUTTERSTOCK ©

San Isidro

El museo ocupa el solar del antiguo palacio de los condes de Paredes, conocido como la "casa de san Isidro" porque según la leyenda fue aquí donde vivió y murió el patrono de Madrid. Se puede visitar el encantador patio renacentista, donde está el "pozo del milagro" –según la tradición, san Isidro salvó a su hijo de morir ahogado haciendo subir el agua hasta la altura del brocal–, y, por el otro lado, una capilla del s. XVII decorada con frescos de Zacarías González Velázquez. Es muy interesante también el **jardín arqueobotánico,** lleno de plantas autóctonas de Madrid, reabierto a principios del 2025 tras una reforma.

UNA PAUSA
Frente al museo, la agradable **plaza de los Carros** está rodeada de restaurantes y bares con terrazas al aire libre.

★ IMPRESCINDIBLE

Basílica de San Francisco el Grande

El barrio de La Latina se halla coronado por una obra maestra de la arquitectura, al tiempo lugar de culto y templo del arte español. La cúpula de la basílica de San Francisco el Grande es la mayor de España y la cuarta más grande de Europa.

PLANO: P. 58 **A3**

CONSEJO
Es mejor visitarla fuera del horario de misas: de 10.00 a 17.00 de lunes a sábado y de 11.30 a 19.00 domingos y festivos.

Escanea este código QR para precios, horarios y demás.

Inicios legendarios

La historia de esta construcción empezó en el s. XIII. Según la leyenda, san Francisco de Asís pasó por aquí durante su peregrinación a la tumba del apóstol Santiago en Compostela en 1214 y fundó un convento y una ermita donde hoy se alza la basílica. Con los años, el templo se fue ampliando hasta superar en esplendor a todas las iglesias de Madrid. Tras su derribo en 1760, se empezó a construir una iglesia de nueva planta bajo la supervisión del arquitecto italiano Francesco Sabatini.

Capillas suntuosas y pinturas de Goya

La riqueza de la basílica asombra. La rotonda bajo la fabulosa cúpula con pinturas y vidrieras policromadas con motivos bíblicos está decorada con esculturas de apóstoles y profetas, pinturas en trampantojo de santos y tallas de querubines.

Las **seis capillas** que circundan el altar mayor albergan grandes óleos de maestros españoles. Aunque el estilo que predomina es el neoclásico, la profusa decoración de las capillas corresponde a distintos períodos, desde el renacentista hasta el barroco y el rococó. La obra más famosa es la *Predicación de san Bernardino de Siena a Alfonso V de Aragón* de Francisco de Goya.

KRZYSZTOF DYDYNSKI/LONELY PLANET ©

Antesacristía y museo

La **antesacristía** posee una sillería de madera de nogal del s. XVII con respaldos platerescos. Los seis espejos con marcos de madera de pino dorado cumplen una función precisa: cuando uno se sitúa enfrente, reflejan el medallón central pintado en el techo, *El triunfo de la Iglesia*.

La sacristía acoge un **museo** con 49 pinturas que representan escenas de la vida de san Francisco de Asís, firmadas por artistas españoles tan eminentes como Alonso Cano, Francisco de Zurbarán y Antonio González Velázquez. No menos suntuoso es el interior: los asientos labrados, suelos de caoba y roble, candelabros dorados y techos de rica decoración demuestran cuán lejos ha quedado el humilde origen de este lugar de culto.

UNA PAUSA
Al otro lado de calle, la **Cafetería San Francisco 13** es un sitio sin pretensiones pero con mucha personalidad, perfecto para tomar un café o unas tapas.

CIRCUITO A PIE

El corazón de Lavapiés

Este tranquillo paseo cuesta abajo cruza el corazón del barrio madrileño más multicultural. Mientras se recorren las callejuelas de camino al siguiente edificio relevante hay que fijarse en las obras de arte callejero que decoran los muros del barrio.

INICIO	FINAL	DURACIÓN
Cine Doré	Mercado de San Fernando	1,2 km; 20 min

1 Un arranque de cine

En la calle Santa Isabel queda el **Cine Doré,** un edificio modernista con una llamativa fachada *art déco,* y al lado mismo el **mercado de Antón Martín,** un mercado de abastos con puestos de gastronomía global. Es posible que se escuche flamenco desde la calle, porque encima del mercado se encuentra la **Academia Amor de Dios,** una de las escuelas de flamenco más antiguas y prestigiosas de España.

2 Bares curiosos

Se va hacia la estrecha calle de Torrecilla del Leal, con cafés y bares tan pintorescos como la **Taberna El Sur,** un sitio muy popular decorado con carteles de películas de Pedro Almodóvar, y el **Café El Despertar,** frecuentado por amantes del *jazz.*

3 Fotos antiguas

En la calle de los Tres Peces vale la pena entrar en la **Real Sociedad Fotográfica,** la más antigua de Madrid. Si se visita entre mayo y septiembre, seguro que acogerá alguna muestra del festival fotográfico PhotoEspaña, y tendrá disponible guías con las demás sedes.

4 Un café de antaño

La larga calle del Ave María es un deslumbrante muestrario de restaurantes internacionales. En la esquina, el centenario **Café Barbieri** conserva los espejos, columnas de hierro y veladores de mármol originales.

5 El núcleo del barrio

La calle desemboca en la **plaza de Lavapiés,** que proporciona una fiel instantánea de la personalidad del barrio y su amalgama de culturas. El edificio más relevante es el **Teatro Valle-Inclán,** una construcción moderna de paneles metálicos perforados donde se programan obras españolas modernas.

6 Un edificio histórico

Yendo hacia el suroeste por la calle de Tribulete se llega a otro hito urbano, las **Escuelas Pías de San Fernando,** un colegio religioso e iglesia del s. XVIII que incendiado durante la Guerra Civil; hoy, una vez rehabilitado, alberga un centro universitario y una biblioteca.

7 Un destino delicioso

Al lado, en la calle de Embajadores, el **mercado de San Fernando** acoge puestos de abastos y de gastronomía, así como algunas tiendas; es un buen sitio para hacer un alto y tomar, p. ej., una pinta de cerveza artesana o un pastel de nata portugués, según las preferencias.

EXPERIENCIAS

Caminar por un antiguo foso — HISTÓRICA

La **calle de la Cava Baja** (PLANO: 1 P. 58 C3) es una de las más famosas de Madrid para una animada expedición de tapeo. La "cava" del nombre hace referencia al foso que formaba parte del sistema defensivo de la ciudad por el exterior de las murallas medievales. Con el tiempo, mientras Madrid crecía y la necesidad de fortificaciones se reducía, la zona aledaña a la Cava Baja se urbanizó, y para los ss. XVI y XVII se había convertido en una importante calle comercial. Los comerciantes itinerantes que entraban en la ciudad encontraban hospedaje y comida en sus posadas y tabernas, y establos para sus caballos.

Uno de los símbolos de la calle es la **Posada del León de Oro** (PLANO: 2 P. 58 C2), un edificio del s. XIX convertido tras su restauración en hotel y restaurante con suelo de cristal que, para sorpresa de su clientela, revela los vestigios de la muralla cristiana del s. XII. Al lado mismo, la **Posada del Dragón** (PLANO: 3 P. 58 C2) conserva también la distribución tradicional de corrala, con galerías de uso común en torno a un espacio central que acogía representaciones teatrales durante el Siglo de Oro.

Relajarse en una plaza — PLAZA

La inclinada **plaza de la Paja** (PLANO: 4 P. 58 B2) es una de las más pintorescas de la villa, flanqueada en su lado norte por el **palacio de los Vargas** (PLANO: 5 P. 58 B2), una mansión aristocrática del s. XV, y la **capilla del Obispo** (PLANO: 6 P. 58 B2). El nombre alude a la época en que los vecinos debían pagar el diezmo a la capilla del Obispo en forma de paja. Este marco arquitectónico renacentista atrae a gente que toma el aperitivo después del trabajo y, los fines de semana, a familias con niños.

Entrar en un jardín secreto — JARDÍN

PLANO: 7 P. 58 B2

Por el lado opuesto de la plaza de la Paja, frente a la capilla, se encuentra el **jardín del Príncipe de Anglona**, una joya tapiada que suele pasar inadvertida. Este tranquilo espacio verde de mediados del s. XVIII tiene como centro una pequeña fuente de mármol donde se entrecruzan caminos bordeados de rosales y magnolios, almendros, higueras y granadas. Vale la pena sentarse un rato a contemplar los chapiteles y tejados sobre el azul inigualable del cielo madrileño.

Cazar gangas — MERCADO

PLANO: 8 P. 58 D4

Todos los domingos se puede participar en una tradición mercantil con siglos de historia, el **Rastro.** Abierto de 9.00 a 15.00, este mercado callejero se extiende desde la plaza de Cascorro, por la calle de la Ribera de Curtidores, hasta la ronda de Toledo; un laberinto de puestos al aire libre que venden ropa, *souvenirs,* artesanía, antigüedades y toda clase de objetos usados.

El nombre hace referencia al rastro de sangre que antes corría por la plaza de Cascorro y la calle de la Ribera de los Curtidores desde un matadero y mercado de carne abierto en 1475, origen del mercadillo actual, documentado desde 1740.

Es mejor llegar temprano para ver las cosas con calma, disfrutar luego del frenético ambiente y quedarse para tomar una caña en una de las tabernas históricas de la zona. Muchos vendedores solo aceptan efectivo, así que habrá que llevar fondos. Eso sí: cuidado porque los carteristas se emplean a fondo en estas calles.

Ver una película de autor

CINES DE ARTE Y ENSAYO

Lavapiés cuenta con dos fantásticas salas de cine, ambas con bares. El histórico **Cine Doré** (PLANO: 9 P. 58 G3) fue construido en 1920, restaurado en 1983 y, desde 1989, convertido en sala de proyecciones de la Filmoteca Española. Con un techo azul y dorado impresionante, el interior de la sala principal es una maravilla modernista. Las entradas (baratísimas: 3 €) se venden en una pequeña taquilla empotrada en un costado del edificio o en línea (dos días de antelación como máximo). La programación mensual suele girar en torno a una temática distinta, centrada en películas clásicas y de autor. El ambiente de su café, también primorosamente restaurado, es más tranquilo que el de la **Sala Equis** (PLANO: 10 P. 58 E3), un antiguo cine porno convertido hoy en un pequeño templo de la cinefilia con una cuidada programación de películas clásicas y modernas. La bebida que se pida en el bar se puede llevar dentro para ver la película. Después de la proyección lo más indicado es acompañar a la parroquia joven que pasa el rato en las tumbonas y butacas de cine del patio interior.

FIESTAS DE VERANO

Aunque la ciudad se vacía en verano, los barrios de La Latina y Lavapiés celebran con brillantez las fiestas de **San Cayetano, San Lorenzo** y **La Paloma** durante dos semanas desde mediados de agosto hasta mediados de septiembre. Durante este periodo los balcones y las calles se engalanan con guirnaldas de flores de papel y mantones de Manila, se instalan puestos de comida y bebida en las plazas, y los conciertos al aire libre, zarzuelas y exposiciones destacan en un apretado programa de actividades que empiezan a la puesta del sol y se prolongan hasta bien entrada la noche.

Curiosear en un espacio asombroso

BIBLIOTECA

PLANO: 11 P. 58 **F5**

Fundadas en 1729, las **Escuelas Pías de San Fernando** se ampliaron al final del siglo con una espléndida iglesia cupulada, ardieron durante la Guerra Civil para quedar en ruinas durante más de medio siglo y, tras una inteligente restauración, se reabrieron en el 2004 como centro de la UNED (Universidad Nacional de Educación a Distancia).

Las ruinas rehabilitadas conforman un marco espectacular para el centro universitario. El rasgo más sobresaliente del edificio actual es su mezcla de arquitectura antigua y contemporánea: se ha conservado la fachada de ladrillo de la iglesia y los arcos interiores, pero añadiendo elementos modernos. Una plácida **biblioteca** ocupa hoy la rotonda central y, entre semana, se puede ver a los alumnos encorvados sobre los libros bajo el alto techo cupulado. Las mañanas entre semana se ofrecen visitas guiadas gratuitas a partir de las 8.30.

Conocer tradiciones populares

MUSEO

PLANO: 12 P. 58 **C5**

El rasgo más llamativo del gratuito **Museo de Artes y Tradiciones Populares,** en la zona del Rastro, es su típica distribución de corrala del s. XIX. Diseñadas para aprovechar el espacio al máximo, estas casas proporcionaban un alojamiento asequible a las clases humildes, que ocupaban los dos pisos superiores. La posada que ocupaba la planta baja dejó paso con el tiempo a talleres y tiendas de antigüedades que acabaron integrándose en el bullicioso entramado del Rastro. El museo expone piezas relacionadas con los oficios de curtidores, joyeros y espaderos.

En la entrada principal saluda al visitante una pareja de chulapos con los trajes que llevaban habitualmente las clases trabajadoras madrileñas desde finales del s. XIX y principios del s. XX. Al final de la exposición puede verse una sala con figuras de monjas y monstruos, gigantes y cabezudos.

DE TAPEO

Tapapiés es un festival internacional de tapas que se celebra en octubre en Lavapiés. Los establecimientos de hostelería de las calles de Argumosa y Miguel Servet, más las plazas de Arturo Barea, Nelson Mandela y Lavapiés, trazan una ruta muy atractiva con tapas de cocina del mundo. Una tapa y una caña cuestan solo 3 €. Cada año se eligen tres tapas ganadoras, lo que da prestigio a los establecimientos premiados. Es un tapeo divertido y barato para ir con un grupo de amigos, pero como los bares y calles se ponen a reventar, conviene llegar a primera hora de la noche, antes de que se acumule el gentío.

Explorar los mejores mercados de Madrid

MERCADOS CUBIERTOS

Los mejores mercados de Madrid se encuentran en este barrio, cada uno con personalidad propia. El **mercado de Antón Martín** (PLANO: 13 P. 58 **H3**), junto al metro homónimo, es quizá el mejor y un sitio magnífico para sentarse a comer en un pequeño restaurante encajonado entre puestos de frutas y verduras.

Si se reúne valor para enfrentarse a las aglomeraciones, una experiencia frenética pero muy placentera es la visita al **mercado de San Fernando** (PLANO: 14 P. 58 **E5**) en Lavapiés, con librerías de segunda mano y talleres de artes y oficios entre tiendas de cerveza artesana cubiertas de pintadas y puestos de comida latinoamericana y charcutería.

El **mercado de la Cebada** (PLANO: 15 P. 58 **C3**), en La Latina, acoge en sus dos plantas una combinación de mercadillos de artesanía, *boutiques* de ropa, tiendas de arte y decoración, y puestos de comida y bebida.

Ver a intérpretes extraordinarios

FLAMENCO

PLANO: 16 P. 58 **A2**

El espíritu del arte andaluz por excelencia está muy vivo en el **Corral de la Morería,** en La Latina, uno de los tablaos más famosos del mundo, que desde su fundación en 1956 ha acogido a algunos de los mejores intérpretes del género. Es el sitio más indicado para ver un espectáculo auténtico, no dirigido al consumo de masas: por algo el Corral de la Morería ha sido reconocido como el mejor tablao del mundo por el Festival Internacional del Cante de las Minas.

El fascinante espectáculo dura 70 min e incluye una bebida. La experiencia sensorial se puede enriquecer con una cena fantástica, porque el tablao acoge también un **restaurante gastronómico** dirigido por el chef vasco David García, que trabajó en los afamados fogones de El Bulli y Mugaritz y tiene una estrella Michelin en su haber. La enorme bodega ofrece una incomparable colección de vinos generosos.

SUGERENCIAS

Lo mejor para...

Localizaciones en el plano de la **p. 58**

€ Económico €€ Medio €€€ Alto

Comer

Tapas en La Latina

Casa Amadeo Los Caracoles €
17 D3
Histórica taberna famosa por su plato estrella: caracoles con una salsa secreta enriquecida con ibéricos. *10.00-24.00*

Bar Cruz €
18 D3
Ganó prestigio por sus navajas al ajillo, que entran de maravilla con una caña bien fría. *9.00-23.00 ma-sa, hasta 17.00 do*

El Viajero €€
19 C3
Palacete reformado de tres plantas con vistas de la basílica desde la azotea. Tienen una barra donde sirven tortillas en la 1ª planta. *Horario variable*

Veganos

Mad Mad Vegan €
20 F3
Hamburguesas vegetales, entrantes y cervezas artesanas en un ambiente de comida rápida. *13.00-24.00*

Cocuiza €
21 C3
Brunch vegano, tortitas y tostas, con un "trío de arepitas" que triunfa entre la clientela. *9.00-16.00 lu-sa, hasta 17.00 do*

Santa y Pura Vegan Bar €
22 H4
Hamburguesas veganas, *pizzas*, tortillas y croquetas; mesas altas en un espacio rústico. *Horario variable*

Gastronomía global en Lavapiés

Porfiados €
23 H4
Carta mediterránea estacional con una sopa de cebolla francesa sobresaliente. *13.00-16.30 y 20.00-24.00 ma-do*

África Fusión €
24 H5
Comida senegalesa con cócteles; hay que probar el arroz wólof con pescado y verduras, y sorbete de flor de hibisco o de baobab de postre. *13.00-14.00 ma-ju, hasta 1.00 vi y sa*

Restaurante La Alhambra €
25 F5
Cocina marroquí en un ambiente distendido con cocina vista. Generosos de tajines y cuscús, y té de menta. *9.00-23.00*

Restaurantes en La Latina

Camoati €€
26 B2
Bistró argentino-italiano iluminado con velas que sirve carnes a la brasa y fuegolone especial de la casa (provolone flambeado con tequila). *19.30-1.00 lu-ju, desde 13.00 vi y do*

Cervecería San Andrés €€
27 B3
Animado ambiente de plaza ideal para compartir unos huevos rotos con jamón. *9.00-1.00 do-ju, 10.00-2.00 vi y sa*

Casa Lucio €€
28 C3
Mítico restaurante de la Cava Baja famoso por su rabo de toro y sus guisos, así como por los huevos rotos. *13.00-16.00 y 20.30-23.30*

Beber

Cafés

Boconó Specialty Coffee

29 D3

Cafés de Etiopía, Nicaragua y Brasil, postres caseros y arepas venezolanas. *9.00-14.00 y 17.00-20.00 lu-vi, 9.00-20.00 sa, hasta 19.00 do*

Bona Specialty Coffee

30 C2

En una calle que desemboca en la Cava Baja; para tomar el café con medialunas argentinas (cruasanes). *9.30-16.00 lu y ma, hasta 18.00 mi-vi, 10.00-18.00 sa y do*

Slow Café

31 B4

Cafés de especialidad y granizados y postres caseros. *Horario variable*

Bares de Lavapiés

Vinicola Mentridana

32 H3

Anaqueles con botellas de vino, vermú de grifo y tablas de charcutería y queso. *17.00-1.00 lu-vi, 12.00-1.00 sa, hasta 24.00 do*

Bar Argumosa

33 H5

Bar de barrio cerca del Reina Sofía con muchas tapas y *pintxos*. *8.00-1.00*

La Taberna Al Lado

34 F3

Ambiente animado para disfrutar de vinos, cócteles y tapas estupendas a precios razonables. *19.00-1.00 lu-ju, hasta 2.00 vi, 13.00-2.00 sa, hasta 1.00 do*

Tabernas de La Latina

Taberna El Tempranillo

35 C3

Magnífica vinoteca de la Cava Baja, con toda una pared con botellas hasta el techo, y tapas españolas. *13.00-16.00 y 20.00-24.00 ma-do*

Taberna La Concha

36 C3

Buena selección de vinos, cavas, vermús y cervezas, más tapas vegetarianas y para celíacos. *13.00-2.00*

Almendro 13

37 C2

Taberna andaluza con un buen surtido de vinos españoles y platos para compartir. *Horario variable*

Comprar

Tiendas de 'souvenirs'

Cocol

38 B3

Atrayente tienda llena de bonitas piezas de cerámica, menaje y complementos, todo elaborado por artesanos españoles. *Horario variable*

Berbería del Sáhara y El Sahel

39 B2

Alfombras, cerámica, decoración, textiles y joyas del norte de África. *Horario variable lu-sa*

Morueco Cerámicas

40 C4

Cerámica artesana española e italiana, menaje y objetos decorativos. *Horario variable ju-do*

Tiendas del Rastro

Antonio Martínez Muebles

41 D5

Un sitio magnífico donde comprar mesas rústicas y sillas para jardines, restaurantes y terrazas. *Horario variable*

Antigüedades Palacios

42 D4

Tienda especializada en armarios de mediados del s. XX, mesas, porcelanas y lámparas ornamentales. *10.30-14.00 ma-do*

Talleres H. García

43 D5

Menaje de hierro y aluminio, más una extensa selección de lámparas de forja. *Horario variable*

Sugerencias de lugares para comer, beber y comprar en **p. 84**

Explora Sol, Santa Ana y Huertas

Sol, Santa Ana y Huertas forman el núcleo central de Madrid, repleto de sitios donde comprar, comer y disfrutar del ocio. Desde la Puerta del Sol, corazón palpitante de la capital, se pasa a la cercana plaza de Santa Ana, desde donde discurren calles cuesta abajo hacia el este. Aunque Sol es un cruce de caminos con un bullicio perenne –aquí se reúne la gente antes de dispersarse por la ciudad–, en la plaza de Santa Ana el ambiente es más relajado, y por las tardes entre semana puede ser un sitio perfecto para tomar tranquilamente un vino mientras se planea la ruta.

Cómo desplazarse

Metro

La estación de metro de Sol es una de las más útiles de la ciudad: por ella pasan las líneas 1, 2 y 3, y las C-3 y C-4 de cercanías. Otras estaciones de utilidad son las de Sevilla (línea 2) y Tirso de Molina y Antón Martín (ambas línea 1). Las tres están en lo alto de una cuesta que baja hasta Lavapiés o el paseo del Prado, donde se agrupan los museos. La calle de las Huertas parte en dos el barrio homónimo y desciende hasta el Prado.

Palacio de Comunicaciones (p. 83).
KRZYSZTOF DYDYNSKI/LONELY PLANET ©

LO MEJOR

ARQUITECTURA ICÓNICA
Edificio Metrópolis (p. 77)

MUSEO
Real Academia de Bellas Artes de San Fernando (p. 80)

EXPERIENCIA RELAJANTE
Hammam al-Ándalus (p. 81)

TABERNA HISTÓRICA
La Venencia (p. 82)

CLUB DE 'JAZZ'
Café Central (p. 85)

Más información
Imprescindible p. 75
Experiencias p. 80
Comer p. 84
Beber p. 85
Comprar p. 85
A
B
C
D
E
F
1
2
3
4
CENTRO
SOL
HUERTAS
Real Academia de Bellas Artes de San Fernando
Plaza de la Puerta del Sol
Casita-Museo del Ratón Pérez
Estatua del Oso y el Madroño
Casa de Correos
Círculo de Bellas Artes
Edificio Metrópolis
Museo Chicote
Teatro de la Zarzuela
La Venencia
Ateneo Científico, Literario y Artístico de Madrid
Plaza de Santa Ana
Teatro Español
Tablao Flamenco 1911
Cervecería Alemana
Calle de Cervantes 2
Casa de Lope de Vega
Convento de las Trinitarias
Mercado de las Ranas
Hammam al-Ándalus
Imprenta Municipal-Artes del Libro
Plaza Mayor
Plaza de Canalejas
Plaza de las Cortes
Plaza de Neptuno (plaza de Cánovas del Castillo)
Paseo del Prado
Plaza del Ángel
Plaza de Jacinto Benavente
Plaza de Jesús
Plaza de Tirso de Molina
Plaza de Antón Martín
Sol
Sevilla
Antón Martín
C del Arenal
C Mayor
C del Maestro Victoria
C de Preciados
C del Carmen
C de Tetuán
C de la Montera
C de Alcalá
C de la Virgen de los Peligros
C de Sevilla
C de los Madrazo
C de Marqués de Casa Riera
C de Marqués de Cubas
C de Arlabán
C de los Cedaceros
C de Zorrilla
C Fernanflor
Carrera de San Jerónimo
C del Correo
C de la Paz
C de Carretas
C de Cádiz
C de Espoz y Mina
C de la Victoria
C de la Cruz
C del Príncipe
C de Echegaray
C de Ventura de la Vega
C del Prado
C de Núñez de Arce
C de San Sebastián
C de León
C de Cervantes
C de Lope de Vega
C de Santa María
C de las Huertas
C de Moratín
C de San Pedro
C de Verónica
C Felipe IV
C del Amor de Dios
C de Atocha
C de la Bolsa
C de Esparteros
C de la Concepción Jerónima
C de los Relatores
C de Luiz Vélez de Guevara
C del Olivar
C de la Magdalena
C de la Cabeza
C de la Colegiata
0
200 m

★ IMPRESCINDIBLE

Plaza de la Puerta del Sol

La Puerta del Sol es el centro neurálgico de Madrid, donde va todo el mundo para encontrarse. Su historia se remonta al s. XVI, cuando albergaba la puerta oriental de la muralla, por donde amanecía, de ahí su nombre.

Fachadas elegantes

Centro geográfico oficial de España, la plaza es un airoso semicírculo bordeado de fachadas elegantes. Construida en 1768, la **Casa de Correos** acoge hoy el Gobierno de Comunidad de Madrid. El mítico reloj se añadió en 1866. En Nochevieja, la plaza se abarrota de gente a la espera de que el reloj marque las doce para comer las uvas.

Kilómetro 0

Una placa incrustada en el pavimento frente a la Casa de Correos marca el **Km 0** de España, punto de origen de las carreteras radiales del país. Sobre los tejados frente a la Casa de Correos se alza una colosal valla publicitaria de **Tío Pepe,** uno de los iconos de la ciudad.

Figuras emblemáticas

Este espacio semicircular debe en parte su apariencia actual a Carlos III [1759-1788], cuya estatua ecuestre (con su inconfundible nariz) se emplaza al oeste. En el extremo este de la plaza se sitúa la **estatua del Oso y el Madroño,** que aparece en el escudo de Madrid y es símbolo oficial de la ciudad.

PLANO: P. 74 **B2**

CONSEJO
Suele haber colas para sacarse fotos delante de la **estatua del Oso y el Madroño** y sobre la placa del Km 0. ¡Paciencia!

★ IMPRESCINDIBLE

Plaza de Santa Ana

Deliciosa conjunción de arquitectura elegante y energía irresistible, la plaza de Santa Ana está cargada de historia y preside el sector alto de Huertas, el distrito literario de Madrid, conocido también como barrio de las Letras.

PLANO: P. 74 **C3**

CONSEJO
Entrar en la **Cervecería Alemana.** Este bar con paneles de madera era uno de preferidos por Ernest Hemingway y no ha cambiado mucho. En una esquina, un "altarcito" recuerda a don Ernesto.

Pasado teatral

La vinculación literaria de la plaza se remonta a un escenario del Siglo de Oro, el Corral del Príncipe (1582), hoy convertido en **Teatro Español.** Aunque el nombre ha cambiado y el edificio es de construcción más moderna, es el teatro más antiguo de la ciudad. La fachada neoclásica ostenta los nombres de muchos de los escritores más insignes de España, como Lope de Vega, Tirso de Molina y Calderón de la Barca.

Intervención francesa

La plaza fue trazada en 1810 durante el reinado de José Bonaparte (hermano mayor de Napoleón) con el propósito de dar espacio al que era uno de los barrios más abigarrados de la ciudad. Convertida en centro neurálgico de la vida intelectual, los cafés circundantes se llenaban de escritores y artistas enzarzados en incesantes tertulias.

Lorca

Una estatua del poeta y dramaturgo Federico García Lorca se emplaza frente al Teatro Español, donde alcanzó en 1934 su mayor éxito con *Yerma,* obra que entronca con la tragedia griega y refleja el desgarro de la maternidad insatisfecha. Lorca sostiene entre las manos una alondra, símbolo de la alegría y el amanecer.

★ IMPRESCINDIBLE

Círculo de Bellas Artes

El Círculo de Bellas Artes ocupa un elegante edificio de 1926 proyectado por el famoso arquitecto Antonio Palacios, muy prolífico en Madrid. La variada programación de actividades incluye exposiciones, charlas, películas y música en directo. Las vistas desde la azotea son imprescindibles.

Elegante espacio expositivo

PLANO: P. 74 **E1**

Al acercarse al Círculo de Bellas Artes por la calle de Alcalá, el paseante se siente transportado a París, con gente sentada en la terraza del café estilo *belle époque* de la planta baja. El interior rezuma más elegancia aún, con altos y suntuosos techos, y una escalera con balaustrada de mármol que conduce a amplios espacios para exposiciones.

La lista de artistas que han expuesto en estas salas va desde Pablo Picasso y Le Corbusier hasta Pier Paolo Pasolini, entre otros muchos. Es fundamental consultar la programación porque se organizan charlas frecuentes de escritores y filósofos internacionales.

Azotea

Pero el reclamo más popular los últimos años es la **Azotea del Círculo** (p. 85), una terraza-bar que brinda una de las mejores vistas de Madrid. Para acceder se ha de tomar el ascensor hasta la 7ª planta. Desde allí casi se puede alargar la mano y tocar la cúpula del **edificio Metrópolis** y se contemplan en toda su belleza las vistas de Madrid, que abarcan la lejana sierra de Guadarrama. Las tumbonas mejoran la experiencia. Toda la escena la preside la diosa romana de las artes, Minerva, cuya estatua se emplaza en la cúspide del edificio.

CONSEJO

Reservar para evitar frustraciones: las entradas para las exposiciones incluyen el acceso a la azotea, pero no garantizan sitio en el bar ni el restaurante.

Escanea este código QR para precios, horarios y demás.

CIRCUITO A PIE

Los mejores edificios de la calle de Alcalá

Los monumentales edificios que se alzan a uno y otro lado de la calle de Alcalá resultan abrumadores. Aunque es una de las calles más antiguas de Madrid, muchas de estas construcciones datan de principios del s. xx, cuando las instituciones financieras pretendían causar gran impresión.

INICIO	FINAL	DURACIÓN
Four Seasons Hotel Madrid	Palacio de Cibeles	1,3 km; 20 min

1 Elefantes de piedra

El actual edificio **Four Seasons** fue inicialmente construido a finales del s. XIX para la compañía de seguros La Equitativa. La reciente reforma acabó por completo con su interior, pero conservó la suntuosa fachada, con ornamentales cabezas de elefante en piedra. El edificio acoge hoy los hoteles de lujo Four Seasons y Marriott, y el centro comercial Galería Canalejas.

2 Diosa griega

Calle abajo, el **edificio Metrópolis,** de estilo *beaux arts,* fue inaugurado en 1911 y es uno de los hitos arquitectónicos de Madrid. La estatua alada de la diosa griega Niké que lo corona casi parece estar saludando a la diosa romana Minerva, que monta guardia en el tejado del Círculo de Bellas Artes.

3 Pasado oscuro

Para ver las estatuas más de cerca se puede subir a la **Azotea del Círculo,** en el hermoso edificio obra de Antonio Palacios, uno de los arquitectos más famosos de Madrid. Como episodio oscuro de su pasado, durante la Guerra Civil funcionó en el sótano una checa donde se interrogaba y torturaba a los sospechosos de apoyar al bando sublevado.

4 Otro palacio de Palacios

Al otro lado de la calle, el edificio de la sede central del **Instituto Cervantes,** antiguamente un banco, fue construido entre 1911 y 1918, también según un diseño de Antonio Palacios. Merece la pena entrar para ver su espléndido interior con profusión de mármol y su bella cúpula de cristal.

5 Amalgama 'art déco'

Siguiendo calle abajo, por el lado opuesto de Alcalá se encuentra el **Banco de España.** La parte más antigua del edificio, por el paseo del Prado, data de finales del s. XIX; el flanco de la calle de Alcalá se construyó en la década de 1930 y armoniza con elegancia los estilos neoclásico y *art déco.*

6 Elefante blanco

Por último se llega al **palacio de Cibeles,** otro edificio de Palacios. Considerado en su día un elefante blanco por su desmesurado coste para las arcas públicas, fue al principio la oficina central de correos, y hoy funciona como sede del Ayuntamiento y espacio de exposiciones.

EXPERIENCIAS

Explorar el otro Prado de Madrid MUSEO

PLANO: 1 P. 74 **C1**

La **Real Academia de Bellas Artes de San Fernando** ha desempeñado durante siglos un papel crucial en la vida artística de la ciudad, cultivando el talento nacional como complemento a la labor de los monarcas que trajeron a España a los grandes artistas extranjeros de la época. La nómina de antiguos alumnos conforma una lista de lo más insigne del arte español, y en la riquísima colección que cuelga hoy en sus paredes destacan las pinturas de El Greco, Rubens, Tintoretto y Goya.

Emprender un viaje quijotesco LUGARES HISTÓRICOS

La zona de Huertas se conoce también como el barrio de las Letras por los escritores que residieron aquí en los ss. XVI y XVII. Miguel de Cervantes Saavedra (1547-1616), autor de *Don Quijote,* pasó gran parte de su vida adulta en Madrid, y vivió y murió en la **calle de Cervantes 2** (PLANO: 2 P. 74 **D3**). El edificio primitivo fue derribado a principios del s. XIX, pero sobre el dintel de la puerta del actual puede verse una placa fechada en 1834.

El cuerpo de Cervantes recibió sepultura en el **convento de las Trinitarias** (PLANO: 3 P. 74 **D3**), orden religiosa que le salvó la vida cuando fue capturado de joven por los piratas berberiscos y con la que se sentía en deuda porque pagó el elevado rescate que su familia no podía reunir. Por las obras realizadas en el convento en el s. XVII, no se sabe dónde yacen sus restos: en el 2015 apareció un ataúd con las iniciales "MC" que contenía huesos de distintos cuerpos.

Conocer al amigo-enemigo de Cervantes MUSEO

PLANO: 4 P. 74 **D3**

Para los interesados en acercarse a la época en que Cervantes escribió *Don Quijote* es imprescindible la visita a la **casa de Lope de Vega,** una construcción del s. XVI. Lope de Vega (1562-1635) fue el dramaturgo más eminente de España, popularísimo en vida y todavía una figura eminente de las letras españolas, aunque Cervantes lo eclipsó después en el ámbito internacional. Los dos hombres vivieron en la misma época, y con la visita se puede descubrir cómo era aquel Madrid literario y conocer detalles de la agitada existencia del escritor.

Lope de Vega llevó una vida algo disipada y se le conocieron numerosos amoríos. El circuito gratuito cuenta jugosos chismorreos del s. XVII; debe reservarse en línea, aunque al jardín se puede acceder a cualquier hora. Para escándalo general, Lope compartía la casa, donde vivió y escribió durante 25 años hasta su muerte en 1635, con una amante y cuatro hijos de mujeres distintas.

Asistir a una zarzuela MÚSICA

PLANO: 5 P. 74 **E2**

La zarzuela es un género dramático y musical típicamente español que data del s. XVII, cuando reinaban los Austrias. Con los Borbones pasó por una etapa de decadencia, pero en el s. XIX revivió entre las clases populares de Madrid. Una de las piezas más famosas de aquella época, *El barberillo de Lavapiés,* transcurría en el barrio más castizo de la ciudad.

El primer edificio del **Teatro de la Zarzuela** (1856) se inspiró en La Scala de Milán, con tres plantas y forma de herradura, pero se incendió en 1909. El artífice de la reconstrucción fue Cesáreo Iradier, y merece la pena ver su espléndido interior. Durante la temporada actúan intérpretes de primera fila.

Relajarse en un 'hammam' BAÑOS TERMALES

PLANO: 6 P. 74 **B3**

Aunque el **Hammam al-Ándalus** no sea en rigor un baño árabe, pretende evocar los baños públicos que existieron en la ciudad en época musulmana. Curiosamente, todavía quedan restos de baños públicos en la calle de Segovia, muchos de los cuales siguieron funcionando durante los ss. XIII y XIV, a pesar de que los reyes cristianos prohibieron la construcción de nuevos baños a partir del s. XI.

Instalada en unos sótanos excavados del antiguo Madrid, esta imitación de una casa de baños árabe dispone de piscinas termales con distintas temperaturas para darse un buen remojón, seguido de masajes y aromaterapia bajo elegantes arquerías, con el acompañamiento del sonido del agua y las luces relajantes de lámparas norteafricanas. Se puede elegir entre masajes de 1 h a 90 min sobre piedra caliente, que incluyen exfoliaciones, aceites esenciales y tratamientos faciales. Los precios bajan al máximo de 10.00 a 16.00 de lunes a viernes; se exige reserva.

Conocer la historia de la imprenta MUSEO

PLANO: 7 P. 74 **A3**

Escondida en una bocacalle junto al Hammam al-Ándalus, la **Imprenta Municipal-Artes**

EL PASADO DE HUERTAS

El **Corral del Príncipe** fue el primer teatro donde se representaron obras en la ciudad; hasta entonces se ofrecían al público en los patios conocidos como corrales de comedias. Como muchos teatros del s. XVI, lo frecuentaban por igual las clases humildes y los nobles acaudalados: los pobres se situaban en una zona bajo el escenario y los ricos en los balcones. Las prostitutas solían trabajar en los teatros, y por eso Huertas se convirtió en una de las zonas con peor fama de Madrid.

del Libro ocupa un magnífico edificio *art déco* tan bonito por dentro como por fuera. Sus tres plantas repasan la historia de la imprenta desde las primeras prensas hasta la invención del *offset*. Con más de 3000 piezas de artes gráficas en exposición permanente, es un buen sitio para entrar en ambiente antes de indagar en el legado literario del barrio de las Letras.

Encontrar tesoros — MERCADO

PLANO: 8 P. 74 **D3**

El primer y tercer sábado de mes se instala en la calle de las Huertas el **mercado de las Ranas,** en el que las tiendas de libros, antigüedades, ropa y complementos de la zona sacan sus productos a la calle, lo que anima mucho el ambiente; a veces ofrecen también comida. Las actuaciones musicales y las ofertas especiales en los restaurantes son un atractivo más. El nombre del mercado viene de cuando la calle Lope de Vega se llamaba calle de Cantarranas, porque en aquella época esta era una zona de huertas extramuros de la ciudad; de ahí, también, la denominación del barrio.

Conocer al Ratón Pérez — MUSEO

PLANO: 9 P. 74 **B2**

La **Casita-Museo del Ratón Pérez,** muy cerca de Sol, es una recreación de la casa en que vivía el entrañable personaje del cuento escrito por el padre Coloma para el pequeño Alfonso XIII, sobre un ratoncito que deja regalos a los niños por cada diente de leche que pierden. Durante la visita, solo con circuito guiado, se puede ver su puerta secreta, la maqueta de su casa en una caja de galletas y todo género de objetos en miniatura. Se entra por el pasaje con el rótulo "Centro Comercial Arenal 8".

Seguir los pasos de Hemingway — BARES HISTÓRICOS

Cuando estalló la Guerra Civil, el escritor estadounidense Ernest Hemingway cubrió la evolución de la contienda desde la sala de prensa del edificio de Telefónica, objetivo de las tropas nacionales. Una vez enviado su artículo, recorría la peligrosa Gran Vía hasta el **Museo Chicote** (PLANO: 10 P. 74 **E1**), donde bebía con otros corresponsales en medio del fragor de la guerra. Sus movimientos por la ciudad pueden rastrearse haciendo un periplo por los bares que frecuentaba. Cuando iba a la caza de una historia, entraba en **La Venencia** (PLANO: 11 P. 74 **D2**), una taberna de vinos de Jerez muy visitada por milicianos republicanos; como en aquel momento Madrid estaba plagado de espías enemigos, los dueños prohibieron sacar fotografías, regla que se ha mantenido hasta hoy. A don Ernesto también le gustaba la **Cervecería Alemana** (PLANO: 12 P. 74 **C3**), regentada por un

EL ARQUITECTO DE MADRID

El arquitecto Antonio Palacios (1874-1945) proyectó muchas de las construcciones más representativas de Madrid: el edificio Cibeles (palacio de Comunicaciones), el Círculo de Bellas Artes y el edificio de las Cariátides en Alcalá 49 (hoy Instituto Cervantes). Es difícil advertir que todos estos edificios se deben a un mismo arquitecto por el eclecticismo de su estilo: recibió influencias del *art nouveau,* el neoclasicismo, el neoplateresco y el *art déco,* que amalgamó para crear diseños únicos. Palacios diseñó también el logotipo del Metro de Madrid, que todavía se usa.

aficionado a los toros. Otro de sus bebederos, al otro lado de la plaza de Santa Ana, era el Villa Rosa (hoy, **Tablao Flamenco 1911;** PLANO: 13 P. 74 **C3**). Años después de la guerra, este tablao fue muy frecuentado por la actriz Ava Gardner, por la que Hemingway sentía profunda admiración y de la que, según se cuenta, dijo que era "la única mujer capaz de beber más que yo".

Curiosear en el Ateneo

CENTRO CULTURAL

PLANO: 14 P. 74 **D3**

El venerable **Ateneo Científico, Literario y Artístico de Madrid** fue fundado por intelectuales liberales españoles en 1821, aunque el edificio adquirió su apariencia actual en 1884. Las puertas de madera se abren a un señorial vestíbulo de mármol, tras el cual se encuentra el salón de actos y una de las mejores bibliotecas de Madrid. Las dependencias privadas son exclusivas para socios, pero las charlas y conferencias sobre temas literarios y filosóficos, así como las actuaciones musicales, están abiertas al público; véase la web.

SUGERENCIAS

Lo mejor para...

€ Económico €€ Medio €€€ Alto

Localizaciones en el plano de la **p. 74**

Comer

Platos clásicos españoles

Casa Toni €
15 C2
Uno de los mejores bares madrileños de la vieja escuela, con especialidades como sepia, gazpacho y mollejas. *12.00-16.30 y 19.30-23.30 mi-lu*

La Finca de Susana €
16 C2
Precios magníficos, cocina de calidad y ambiente elegante, con una clientela joven y *hipster. 13.00-23.00*

La Casa del Abuelo €
17 C2
En este sitio popularísimo con más de un siglo de historia hay que pedir vino del abuelo y gambas a la plancha. *12.00-24.00*

Ambiente elegante

El Triciclo €€
18 D4
Muy admirado por su cocina de fusión con empleo preferente de ingredientes estacionales. *13.00-16.00 y 20.00-0.30 lu-sa*

Lhardy €€€
19 C2
Elegante referente del Madrid decimonónico con cocina *gourmet* que incluye su famoso cocido a la madrileña. *13.00-24.00 lu-sa, hasta 16.00 do*

Gofio €€€
20 C1
Orgulloso poseedor de una estrella Michelin, Gofio hace maravillas con la cocina de las islas Canarias. *13.30-16.00 y 20.30-24.00 mi-do*

Tapas, pinchos y raciones

Maceiras €
21 E4
Los deliciosos platos gallegos maridan con vino blanco de Ribeiro. *13.15-16.15 y 20.00-24.00*

Casa Labra €
22 B2
Abierta en 1860 y siempre llena, es famosísima por sus buñuelos de bacalao. *11.00-15.30 y 18.00-23.00*

Casa Alberto €€
23 C3
Antigua taberna, es uno de los restaurantes más antiguos de Madrid: abrió en 1827. *13.30-16.00 y 20.00-24.00 ma-sa, 13.30-16.00 do*

Tartas

Motteau €
24 E4
La mejor pastelería francesa de Madrid es este pequeño local con tartas artesanales. *9.30-14.00 y 16.30-20.00 ma-vi, 9.30-14.00 sa-do*

La Mallorquina €
25 B2
Pastelería de toda la vida siempre a rebosar de madrileños y forasteros. *8.30-21.15*

Antigua Pastelería del Pozo €
26 C2
La pastelería más antigua de Madrid (fundada en 1830) sirve todavía excelentes tartas de corte clásico. *9.30-14.00 y 17.00-20.00 ma-sa, 9.00-14.00 do*

Beber

Café de especialidad

Acid Cafe

27 E4

El Acid Cafe primigenio, con magníficos cafés de especialidad, una carta pequeña pero deliciosa, y rica bollería. *8.30-20.00*

Ambu Coffee

28 C3

Esta cadena ofrece excelentes *flat whites* y menús de desayuno, así como un modesto surtido de tartas. *8.30-20.00*

Botánica

29 E4

Pequeño y coqueto local con cafés de especialidad, tartas y un selecto surtido de plantas. Ideal para hacer una pausa en el barrio de las Letras. *8.30-20.00*

Cócteles

Salmón Gurú

30 D3

Uno de los mejores maestros cocteleros de Madrid, Diego Cabrera, sirve un excelente muestrario de bebidas. *17.00-2.30 mi-do*

Dos Gardenias

31 D4

Pequeño oasis en la parte más tranquila del barrio de las Letras donde reina el vinilo. *21.00-2.00 ma-sa*

Bares de azotea

Azotea del Círculo

32 E1

El bar del Círculo de Bellas Artes ofrece las vistas más increíbles del centro de Madrid. *10.00-2.00*

La Terraza del Urban

33 D2

Hotel, vistas y precios de cinco estrellas. *11.00-24.00, solo verano*

Radio

34 C3

Coctelería al aire libre, en lo alto de la plaza de Santa Ana, con vistas fantásticas de los tejados de Madrid. *16.00-2.00 mi-do*

Música y bebidas

La Negra Tomasa

35 B2

Animado bar, restaurante y local de música en directo que atrae a todos los amantes de Cuba y su cultura. *13.30-4.00*

Café Central

36 C3

Famoso club de *jazz* para disfrutar de la música y las copas todos los días. *10.00-1.00 do-ju, hasta 2.00 vi y sa*

Comprar

Librerías

Crazy Mary Librería

37 D3

En pleno barrio de las Letras, un acogedor lugar de encuentro para los amantes de la literatura y de los libros. *12.00-20.00 ma-vi, 12.30-20.30 sa*

Miguel Miranda

38 D3

Histórica librería de libros raros y agotados frente al convento donde está enterrado Cervantes. Merece la pena entrar solo por ver el interior. *10.00-16.00 lu-vi*

Artesanía

Real Fábrica

39 D3

Bonitas piezas de artesanía y comida *gourmet* de toda España; un sitio perfecto para comprar un *souvenir*. *11.00-15.00 y 16.00-20.00*

Concha Ortega

40 D4

Maravillosa tienda de mobiliario y objetos decorativos de mediados del s. XX, seleccionado por Concha, restauradora de profesión. *10.30-14.00 y 17.00-20.00 lu-vi, 11.00-14.00 sa*

Sugerencias de lugares para comer, beber y comprar en **p. 107**

Explora
El Retiro y las pinacotecas

Un lugar para el retiro espiritual: eso era exactamente esta zona para los Reyes Católicos, que en sus visitas a Madrid se quedaban fuera de la ciudad, en el monasterio de San Jerónimo, junto a donde hoy se levanta el Museo del Prado. Cuando Felipe II estableció la corte en Madrid, dormía en unos aposentos anexos a la iglesia. La arteria cultural madrileña –el paseo del Prado–, su oasis verde –El Retiro– y el barrio de los Jerónimos fueron declarados en el 2021 Patrimonio Mundial con el nombre de Paisaje de la Luz: tres museos de primer nivel bordean un bulevar arbolado y, al este, el señorial parque.

Cómo desplazarse

Tren
Desde la estación de Atocha, en el extremo sur del paseo del Prado, se puede ir andando a las tres grandes pinacotecas madrileñas.

Metro
La estación del Arte acerca todavía más al extremo sur del paseo del Prado; hay que bajar en ella para ir a los museos y el Retiro. En el extremo norte del paseo del Prado, más próxima al Thyssen-Bornemisza, queda la estación de Banco de España.

Autobús
Salvo los domingos, cuando se peatonaliza, muchas líneas recorren el paseo del Prado.

Jardines de Cecilio Rodríguez (p. 103), parque del Buen Retiro.
CLAUDIO DCS/SHUTTERSTOCK ©

★

LO MEJOR

PINACOTECA
Museo del Prado (p. 89)

JARDÍN SECRETO
Jardines de Cecilio Rodríguez (p. 103)

MUSEO DE VANGUARDIA
Museo La Neomudéjar (p. 106)

EDIFICIO MONUMENTAL
CentroCentro (p. 106)

ARTESANÍA
Real Fábrica de Tapices (p. 106)

Retiro
C de O'Donnell
Plaza de la Independencia
Puerta Independencia
C de Alcalá
Banco de España
Plaza de Cibeles
CentroCentro
C Valenzuela
C de Montalbán
C de Juan de Mena
C de Antonio Maura
C de los Madrazo
Museo Thyssen-Bornemisza
Paseo del Prado
Plaza de la Lealtad
Carrera de San Jerónimo
Plaza de Neptuno (plaza de Cánovas del Castillo)
C del Prado
HUERTAS
C de Cervantes
Plaza de Jesús
C de las Huertas
C de Moratín
C del Gobernador
Antón Martín
C Almadén
C de Atocha
C de Santa Isabel
C de la Alameda
Caixa Forum
ATOCHA
Centro de Arte Reina Sofía
C del Doctor Drumen
Estación del Arte
Real Jardín Botánico
JERÓNIMOS
Plaza de Murillo
Museo del Prado
C Casado del Alisal
C Alberto Bosch
C de Espalter
Iglesia de San Jerónimo El Real
C de Ruiz de Alarcón
C Felipe IV
Casón del Buen Retiro
C de Alfonso XII
Parque del Buen Retiro
RETIRO
Jardín del Parterre
Paseo San Pablo
Puerta Murillo
Paseo de México
Paseo de Colombia
Estanque Grande
Estanque
Monument to Alfonso XII
Paseo de Venezuela
Paseo de la República de Cuba
Jardín de los Planteles
Palacio de Velázquez
Palacio de Cristal
El Ángel Caído
Paseo de Fernán Núñez
Paseo de Uruguay
La Rosaleda
Real Fábrica de Tapices
Museo La Neomude
Montaña Artificial
Plaza de Costa Rica
Paseo del Duque de Fernán Núñez
Jardines del Arquitecto Herrero Palacios
Jardines de Cecilio Rodríguez
Av de Menéndez Pelayo
Ibiza
C de Menorca
C de Narváez
C de Fernán González
C de Máiquez
C del Doctor Castelo
C de Ibiza
C del Alcalde Sáinz de Baranda
C del Doce de Octubre
C de Pío Baroja
0 200 m
Más información
Imprescindible p. 89
Experiencias p. 106
Comer p. 107
Beber p. 107
Comprar p. 107

★ IMPRESCINDIBLE

Museo del Prado

El Prado es una de las pinacotecas más deslumbrantes del mundo, con obras de Rubens, El Greco, Durero o Rembrandt; pero son los maestros españoles quienes acaparan mayor atención. La sorprendente composición de *Las meninas* de Diego Velázquez y la escalofriante serie titulada *Pinturas negras* de Francisco de Goya anticipan el advenimiento del arte moderno.

PLANO: P. 88 **B3**

La colección de los Austrias

Empieza con el retrato ecuestre *Carlos V en la batalla de Mühlberg* en la **sala 27** de la 1ª planta, junto al retrato de su hijo Felipe II, ambos cuadros de Tiziano. Durante su reinado, Felipe llegó a apreciar el arte flamenco y adquirió obras de maestros como El Bosco, que pueden verse en la **sala 056A** de la planta baja; el *Tríptico del Jardín de las Delicias* (foto p. 90) es una alucinada moraleja que siempre fascina.

Choque de mundos artísticos

La brecha entre el Renacimiento italiano y el arte flamenco la salva el alemán Alberto Durero, que en su *Autorretrato* **(sala 55)** se muestra arrogante y dispuesto a lanzar los guantes de cabritilla que sostiene entre los dedos a cualquiera que ponga en duda su dominio de la técnica clásica.

Subiendo a la 2ª planta hay numerosas pinturas de Peter Paul Rubens. Nacido en el ducado de Brabante, en los Países Bajos Españoles, Rubens aprendió de las obras maestras italianas y flamencas de la colección de los Austrias, como se aprecia en *Las tres Gracias* de la **sala 28** y en la maravillosa *La Adoración de los Magos* en la **sala 29.**

CONSEJO

El museo da para un día completo; en tal caso, hay que llegar a primera hora de la mañana, cuando hay poca gente.

Escanea este código QR para precios, horarios y demás.

BLAKE HORN/LONELY PLANET ©

UNA PAUSA
La cafetería del Prado es cara, pero aceptable. Si se prefiere comer fuera, en las calles al otro lado del paseo del Prado se encuentran sitios más económicos donde almorzar.

El Siglo de Oro

Conforme se convertía en primera potencia mundial, España se erigió también en un centro artístico que atrajo a talentos como El Greco; las reproducciones de su *El caballero de la mano en el pecho* son uno de los productos más comercializados por El Prado. Cerca de El Greco cuelgan obras de los talentos españoles que cobraron preeminencia durante el Siglo del Oro. Destaca en especial José de Ribera, discípulo de Caravaggio, famoso por su utilización dramática de la luz; sus retratos de santos en la **sala 8** son imprescindibles.

Velázquez

El artista más genial del Siglo del Oro contaba 24 años cuando llegó a la corte, donde no tardó en ganarse el favor del joven rey Felipe IV. Su

Museo del Prado

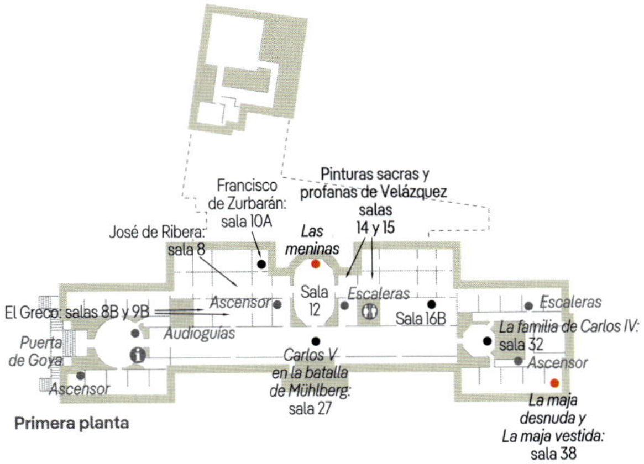

Primera planta

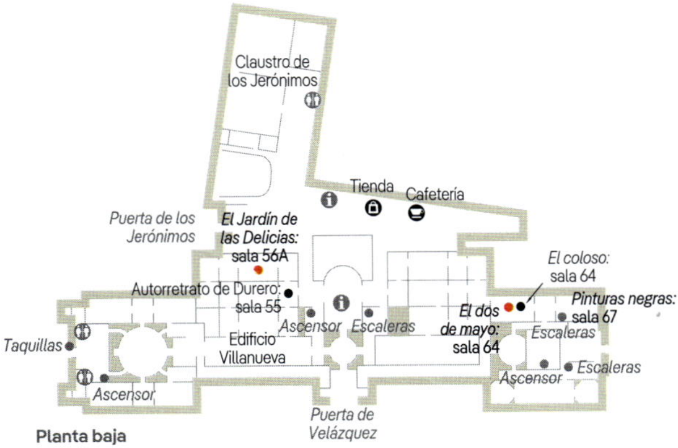

Planta baja

LAS MUJERES EN EL PRADO
Una notable excepción a la ausencia casi total de pintoras en el museo es el fantástico retrato de Felipe II de Sofonisba Anguissola, atribuido durante mucho tiempo a Alonso Sánchez Coello.

EDIFICIO VILLANUEVA
El edificio neoclásico de Juan de Villanueva estaba casi concluido cuando Napoleón invadió España en 1808. Los franceses lo usaron como cuartel de caballería. Restaurada la monarquía, se abrió como colección real en 1819.

obra más famosa es *Las meninas,* en la **sala 12.** A primera vista, la pintura es un retrato de la infanta Margarita: una figura luminosa de cinco años rodeada por sus criados; pero, visto el cuadro con detenimiento, aparece el artista en la penumbra, a la izquierda de la niña, escrutando al espectador, y al fondo, reflejada en un espejo, la imagen de los reyes a los que está pintando.

En las salas aledañas a los retratos de la realeza se exponen más obras de Velázquez. Merece la pena *La fragua de Vulcano,* en la **sala 11;** pintada durante un viaje a Roma, demuestra que el artista había ya desarrollado su técnica, aportando una fisicidad palpable a la escena de la mitología clásica.

Goya y los Borbones

Francisco de Goya llegó a Madrid en 1775. Para entonces ya habían subido al trono los Borbones, una dinastía que prefería unos atuendos más coloridos que los sobrios negros tan del gusto de los Austrias. Así pues, Goya dio un paso arriesgado al mostrar su inquebrantable lealtad a Velázquez pintando un retrato bastante sombrío de la familia de Carlos IV, donde no solo emula los oscuros fondos del maestro, sino que también se coloca él mismo en el cuadro, oculto en la penumbra tras su caballete, igual que Velázquez en *Las meninas*. Aún más osado es su retrato descarnado de la pareja real: la expresión bobalicona del rey y la corrupción que refleja la infiel reina María Luisa de Parma muestran al espectador un régimen que se desmorona. Poco después se produjo la invasión napoleónica, que desencadenó la cruenta guerra de la Independencia española.

Entre las obras de Goya son imprescindibles también *El dos de mayo* y *El tres de mayo* en la **sala 64** y las *Pinturas negras* en la **sala 67,** concebidas después de la guerra y que demuestran hasta qué punto el conflicto había afectado al artista.

★ IMPRESCINDIBLE

Museo Thyssen-Bornemisza

El barón Thyssen-Bornemisza se pasó la vida adquiriendo con entusiasmo de coleccionista pinturas de grandes artistas. Instalada en un palacete del paseo del Prado, esta colección de obras maestras modernas y clásicas complacerá a los degustadores del arte más exigentes.

PLANO: P. 88 **A2**

Arte medieval y renacentista

La 2ª planta expone sobre todo pintura religiosa italiana, alemana y flamenca de los ss. XIII y XIV. Entre las obras más notables figuran la misteriosa *Virgen del árbol seco* de Petrus Christus, con María y Jesús bañados de luz divina; y *El díptico de la Anunciación* de Jan van Eyck, una obra maestra monocroma que parece tridimensional.

En la **sala 5,** el *Retrato de Enrique VIII de Inglaterra* de Hans Holbein el Joven cuelga cerca del de su primera esposa, Catalina de Aragón, pintado por Juan de Flandes. En la **sala 7,** el retrato de cuerpo entero *Joven caballero en un paisaje* se atribuyó a Alberto Durero hasta que una limpieza en la década de 1950 reveló la firma de Vittore Carpaccio; es una composición de extraordinario detallismo y riqueza simbólica.

Durero aparece en la **sala 8** con *Jesús entre los doctores,* obra en la que impresiona su técnica magistral al pintar muchas manos cargadas de expresividad en el centro de la escena.

CONSEJO
Salvo la Colección Carmen Thyssen, las obras siguen un orden cronológico: desde el arte medieval en la 2ª planta hasta el de finales del s. XIX en la 1ª.

Escanea este código QR para precios, horarios y demás.

Italianos y españoles

En la **salas 7 y 11** se exhiben suntuosos lienzos de los venecianos Tintoretto y Tiziano, y en la **sala 12** el siempre subversivo Caravaggio asombra con su *Santa Catalina de Alejandría;* la modelo, que mira

MUNDOFOTO/SHUTTERSTOCK ©

UNA PAUSA
La **cafetería** del museo ocupa un moderno edificio de cristal, pero la comida es cara: solo es recomendable para tomar café.

al espectador con aire provocativo sosteniendo una espada, fue una famosa cortesana. Dos pinturas impresionantes de san Jerónimo y Cristo crucificado, iluminados sobre fondos tenebrosos, demuestran la influencia del maestro italiano sobre el español José de Ribera.

En la **sala 15,** la *Santa Casilda* del pintor barroco Francisco de Zurbarán combina la oscuridad de Caravaggio con un maravilloso detallismo.

El siglo XVII

En la **sala 17** la perspectiva se ensancha con las *vedute* de Venecia de Canaletto; su obra *La plaza de San Marcos en Venecia,* plasmada desde un punto de vista alto y con aves volando en torno al campanario, eleva también el espíritu. En la **sala 23,** el exquisito y preciso *Joven tocando la tiorba* de Jan van Bronckhorst marca la pauta de la sección dedicada a la pintura holandesa.

Museo Thyssen-Bornemisza

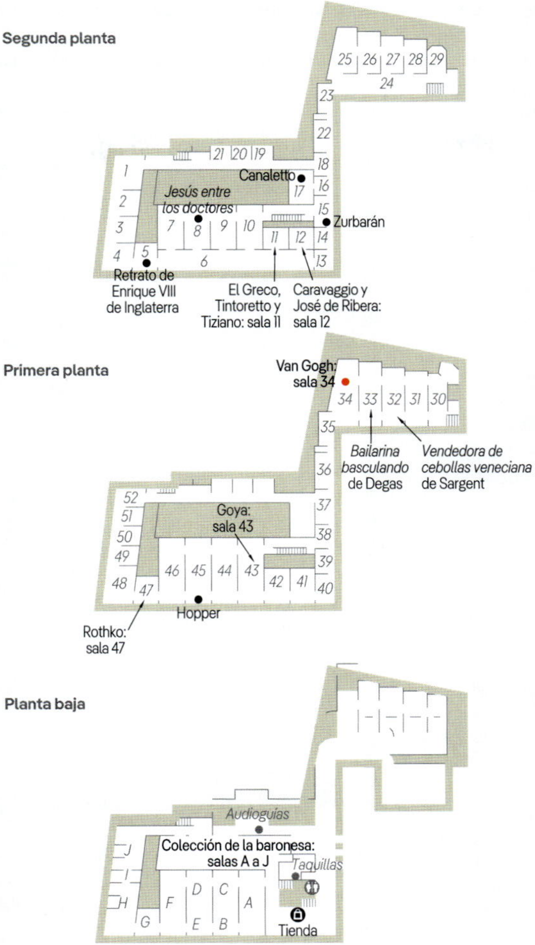

EXPOLIO NAZI
El barón Thyssen-Bornemisza ignoraba que la judía Lilly Cassirer Neubauer había vendido por la fuerza a los nazis *Rue Saint-Honoré por la tarde* de Camille Pissarro, pero el litigio por la propiedad de la obra continúa.

LA COLECCIÓN DE LA BARONESA
La Colección Carmen Thyssen incluye pinturas de Canaletto, el idílico *Mata Mua (Érase una vez)* de Gauguin, el espectacular *Los jockeys* de Toulouse-Lautrecc, la serena *Conversación bajo los olivos* de Matisse y la fantástica *Calle de Nueva York con luna* de Georgia O'Keeffe.

El siglo XIX

La 1ª planta entra en la época moderna. En la **sala 32,** la *Vendedora de cebollas veneciana* de John Singer Sargent mira desde la sombra tras una ventana con una vista de Venecia, preludiando a los impresionistas. En la **sala 33,** la *Bailarina basculando* de Edgar Degas, con sus figuras dinámicas en luminosos tonos pasteles, convoca a la gente; pero también destaca *En la sombrerería,* con señoras elegantes probándose sombreros. Vincent van Gogh centra la atención en la **sala 34;** en su *Paisaje al atardecer,* los arbolillos tiemblan como columnas de humo sobre el rojo sanguinolento del ocaso.

El siglo XX

En la **sala 37,** George Grosz emplea técnicas cubistas para resaltar la alienación moderna en *Metrópolis.* El cubismo prosigue en la **sala 41** con Juan Gris, Georges Braque y Pablo Picasso. En la **sala 45** destaca *Arlequín con espejo* de Picasso.

El arte abraza la abstracción con Piet Mondrian, Joan Miró, Paul Klee y Wassily Kandinsky hasta la **sala 44,** donde toman el relevo los surrealistas. Con René Magritte y Max Ernst se entra en el terreno de lo insólito y maravilloso, aunque el clímax lo alcanza *Sueño causado por el vuelo de una abeja alrededor de una granada un segundo antes del despertar* de Salvador Dalí.

Después marcan su impronta los estadounidenses, en especial Edward Hopper y la atroz soledad de su *Habitación de hotel* en la **sala 45.** Entre las obras abstractas figuran *Marrón y plata I* de Jackson Pollock **(sala 46)** y *Sin título (Verde sobre morado)* de Mark Rothko en la **sala 47.**

La colección regresa al figurativismo con el perturbador *Retrato de George Dyer en un espejo* de Francis Bacon **(sala 49).** La obra de Lucian Freud incluye un retrato del barón Thyssen, propietario de la impresionante colección.

★ IMPRESCINDIBLE

Centro de Arte Reina Sofía

El Reina Sofía es una colección moderna centrada en artistas españoles tan eminentes como Salvador Dalí y Joan Miró. Su atracción estelar es, sin discusión, el *Guernica*. Desgarradora reflexión sobre la Guerra Civil española, la obra maestra de Picasso asombra y conmueve todavía hoy.

PLANO: P. 88 **B4**

'Guernica'

Se parte de la **sala 205.10** (2ª planta) con el *Guernica,* pintura de enorme formato sobre el bombardeo del pueblo vasco de Gernika por la aviación alemana e italiana que apoyaba al bando nacional durante la Guerra Civil; fue pintado para la Exposición Internacional de París de 1937, y Picasso supo captar el horror del momento, anticipo de las atrocidades que se darían en la II Guerra Mundial.

También se exponen los bocetos y pinturas preliminares de Picasso. Los detalles del caballo destripado, la mujer llorosa y el niño muerto recalcan con crudeza el mensaje antibelicista y dan fe del vigor creativo de Picasso, que ejecutó la obra en menos de seis semanas.

Obra maestra redescubierta

El Reino Sofía se esfuerza por reivindicar la obra artística de mujeres olvidadas, y una de las artistas talentosas fue Ángeles Santos (1911-2013). Prueba de que el genio pictórico no fue nunca un don exclusivo de varones, su enorme lienzo *Un mundo* **(sala 205.06)** atrae casi a tanta gente como el *Guernica*. Santos lo pintó a los 17 años y causó sensación en el arte español cuando lo presentó en 1929. Con ángeles y estrellas proyectados de un

CONSEJO
No es fácil orientarse en el museo. Para localizar una pintura hay que buscar el número de sala en la web y consultar los planos de planta en las paredes.

Escanea este código QR para información sobre precios y horarios.

CHRISTIAN MUELLER/SHUTTERSTOCK ©

torcido mundo cubiforme, la obra es una composición singular que invita a meditar sobre su significado.

UNA PAUSA
La animada cafetería del museo no es un sitio adecuado para relajarse: mejor ir a los cafés con terraza de la **calle de Argumosa,** en el cercano Lavapiés.

Cubistas y surrealistas

En la **sala 204.01** se exponen obras cubistas, movimiento alumbrado en París por Georges Braque y Pablo Picasso. Sin embargo, fue el madrileño Juan Gris quien realmente desarrolló sus posibilidades, dedicando el resto de su corta vida a pintar con visión de geómetra perspectivas fracturadas de naturalezas muertas y seres vivos.

En la **sala 205.13,** el cubismo de Picasso empieza a mutar en surrealismo con *El nadador*. Aquí está también Salvador Dalí, con su *Rostro del Gran Masturbador,* imposible de pasar por alto, y el espeluznante *El hombre invisible* en la cercana **sala 206.03.**

Agrupado con los surrealistas, pero en una categoría aparte, la obra del catalán Joan Miró se define por las formas curvas y los colores primarios. Cuando sus pinturas se convirtieron en símbolo de los Juegos Olímpicos de Barcelona en 1992, su obra empezó a recibir el aplauso internacional que tanto merecía. En la **sala 206.02** pueden verse piezas fundamentales como *Pintura (Hombre con pipa).*

Artistas extranjeros

El surrealismo se expandió desde Francia, como se aprecia en *Objeto indestructible* –el enorme metrónomo de Man Ray– o *Cascabeles rosas, cielos en jirones* de René Magritte. Otras obras notables de artistas modernos extranjeros son las pesadillas prebélicas de la vida alemana de George Grosz, como *El hombre es bueno,* y la geometría liberada de *Libre* de Kandinsky en la **sala 205.14.**

Artistas españoles menos conocidos

El museo ofrece una oportunidad excepcional para descubrir a artistas españoles del s. xx no tan conocidos. En esta categoría se inscriben figuras como Alfonso Ponce de León, contemporáneo de Lorca cuyo fascinante autorretrato se expone en la **sala 205.06;** José Solana **(sala 205.9** y **sala 205.11),** preocupado por las desigualdades sociales en la España anterior a la Guerra Civil; y la pintora Delhy Tejero, cuyas figuras con cabezas picudas en la **sala 203.02** parecen haber brotado de una imaginación desbordante.

Artistas españoles por descubrir

En la 4ª planta interesa buscar obras de artistas españoles como *Composición* de Joan Ponç **(sala 400.05),** el hermoso pero inquietante *Retrato de Ramiro de Ledesma* de Pancho Cossío **(sala 400.01)** y el vanguardista *Postismo* de Francisco Nieva **(sala 400.04).**

ANEXOS EN EL PARQUE DEL RETIRO

El Reina Sofía suele instalar exposiciones temporales gratuitas en sus dos anexos en el Retiro. Cerca del estanque, sobre un fondo de cuidadas extensiones de césped, el encanto finisecular del **Palacio de Cristal** y el **palacio de Velázquez** compone el marco perfecto para que los amantes del arte contemplen en paz lienzos y esculturas.

★ IMPRESCINDIBLE

Parque del Buen Retiro

Antes para disfrute exclusivo de reyes, el Retiro se ofrece hoy para el esparcimiento público. En sus 125 Ha se encuentran un estanque con barcas, espacios expositivos, pavos reales y jardines paisajísticos. Abierto todo el año, su época más bella es la primavera, cuando los árboles están en flor.

PLANO: P. 88 **C2**

CONSEJO
Los horarios del parque cambian a lo largo del año; de octubre a marzo cierra a las 22.00, y en primavera y verano, a medianoche.

Retiro espiritual

Para entender la historia del maravilloso parque de Madrid, hay que llegar desde el Museo del Prado. Por encima del museo se encuentra la iglesia de **San Jerónimo el Real,** adonde se retiraba en el s. XVI el devoto Felipe II huyendo de la vida cortesana. Por eso esta zona tranquila, extramuros de la ciudad vieja, dio en llamarse el Retiro, y hoy el parque sigue cumpliendo su función primigenia, porque a él acuden muchos madrileños en busca de relax.

Palacio del placer

Subiendo desde el museo por la calle de Felipe IV se llega a la de Alfonso XII, ancha arteria que bordea el Retiro. En el paso de peatones se alza el **Casón del Buen Retiro,** uno de los edificios que sobrevivieron del inmenso palacio de recreo construido entre 1630 y 1660 para Felipe IV. Nieto de Felipe II, Felipe IV era un hombre dado a los placeres y necesitaba un sitio donde desfogarse sin escandalizar a sus súbditos. Hoy un centro de estudios del Prado, el Casón del Buen Retiro fue antaño un inmenso salón de baile, con un suntuoso

500PX/GETTY IMAGES ©

fresco de Luca Giordano decorando el interior. Lamentablemente, los frescos de los otros edificios se perdieron cuando las tropas de Napoleón acamparon en el parque y arrasaron el palacio y sus jardines.

El estanque

La otra parte del palacio que ha sobrevivido es el **Estanque Grande** (foto), al que se llega atravesando el jardín del Parterre y el paseo de Paraguay. Aquí se representaban obras de teatro y se ofrecían conciertos en una isla artificial mientras la nobleza contemplaba el espectáculo desde barcazas engalanadas. También eran habituales las recreaciones de batallas navales, con maquetas a escala que disparaban andanadas con fuego real.

Hoy el estanque está bastante más tranquilo y los visitantes pueden alquilar botes de remos

UNA PAUSA
Los cafés del Retiro son preciosos, pero un poco subidos de precio; es mejor dirigirse a la **zona de Ibiza,** al norte del parque.

CÓMO DESPLAZARSE
Se puede alquilar una bicicleta o escúter para moverse por el parque; cerca de las entradas hay varias estaciones de BiciMAD con bicis eléctricas.

y admirar, en su orilla este, el grandioso **monumento a Alfonso XII,** llamado El Pacificador, que subió al trono cuando se restauró la monarquía tras la tumultuosa I República (1873-1874).

El capricho del rey

Más allá del estanque, en el extremo noreste del parque, se extiende una zona creada específicamente para Fernando VII. Aunque la reciente reapertura de su **Montaña Artificial** ha atraído más visitantes, esta sección apartada del parque no es tan concurrida como otras áreas. La "montaña" es hueca y se construyó en 1817 revistiendo con ladrillo una espléndida bóveda de 11 m de alto y 14 m de ancho.

CATARINA BELOVA/SHUTTERSTOCK ©

Montaña abajo, decorada exteriormente con vegetación, discurre una sucesión de cascadas. Subiendo al templete en lo alto se contempla, en la isla central de un estanque, la **Casita del Pescador,** otro 'capricho' arquitectónico diseñado para el rey por Isidro González Velázquez.

La Exposición de Filipinas

El **Palacio de Cristal** es un hermoso invernadero con mucha historia. Esta construcción de hierro y cristal se erigió para acoger la fauna y flora de la Exposición de Filipinas de 1887, y su techo curvo de vidrio fue una proeza de la ingeniería para la época. En 1975 se llevó a cabo una reparación integral que le devolvió su aspecto original. Hoy es sede del Museo Reina Sofía y acoge exposiciones de arte contemporáneo con asiduidad.

Jardines paisajísticos

Cuando el Retiro pasó a titularidad pública, los jardines no se habían recuperado de los destrozos provocados por las tropas de Napoleón y hubo que remodelarlos partiendo de cero (foto). Uno de los más representativos es el **jardín del Parterre,** con sus grandes cedros de formas caprichosas.

También merece la pena visitar la preciosa **Rosaleda** y los tapiados **jardines de Cecilio Rodríguez,** que deben su nombre al antiguo jardinero mayor del Retiro; son famosos por su población de pavos reales, que aparecieron en los titulares de los periódicos durante la pandemia de COVID-19 cuando salieron a buscar comida por las calles de Madrid.

'EL ÁNGEL CAÍDO'

Obra de Ricardo Bellver, esta estatua en bronce de Lucifer inspirada en el *Paraíso perdido* del poeta inglés John Milton se emplaza sobre una fuente con diablos de cuyas bocas mana agua exactamente a 666 m sobre el nivel del mar. En la **Real Academia de Bellas Artes de San Fernando** puede verse una copia del monumento.

CIRCUITO A PIE

El gran plan de Carlos III

Carlos III causó gran expectación cuando llegó al trono, y no tardó mucho en remodelar la ciudad. Partiendo de la puerta de Alcalá al este, esta ruta conduce hasta el paseo del Prado, donde puede admirarse el monumentalismo de un monarca de ideas avanzadas muy recordado aún por los madrileños.

INICIO	FINAL	DURACIÓN
Puerta de Alcalá	Real Jardín Botánico	1,2 km; 30 min

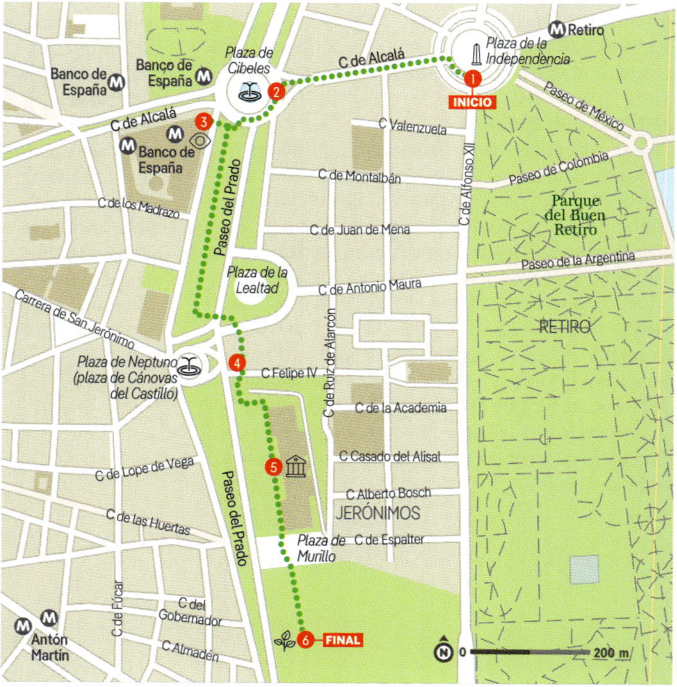

1 Entrada a lo grande

La ruta empieza junto al parque del Retiro en la imponente **puerta de Alcalá.** Hoy con mejor aspecto que nunca después de un remozado que costó tres millones de euros, esta puerta monumental se erigió por iniciativa de Carlos III y es uno de los muchos proyectos que impulsó el rey ilustrado cuando llegó al trono en 1759.

2 Una gran avenida

Carlos III quería renovar Madrid, y el paseo del Prado se incluía en su plan. Uno de los arquitectos principales fue Ventura Rodríguez, que diseñó las fuentes de este elegante bulevar, entre ellas la **fuente de Cibeles;** si la diosa griega lleva al cuello una bufanda futbolera, significa que el Real Madrid ha ganado un título importante.

3 Una institución moderna

Para encaminar a España por la senda de la modernidad, Carlos III fundó numerosas instituciones, entre ellas el **Banco de España.** Aunque la sede central en el paseo del Prado se inauguró con posterioridad (1891), el retrato de Carlos pintado por Goya cuelga aún en la sala de exposiciones, y al rey se le recuerda por fomentar el comercio y estimular la economía.

4 Más fuentes

Se continúa por el agradable paseo ajardinado entre las calzadas (cerradas el tráfico los domingos de 9.00 a 16.00); antes de la invención del automóvil, era aquí adonde venían los madrileños para dejarse ver a la caída de la tarde. Al llegar a la siguiente glorieta, hay que dedicar un momento a admirar la **fuente de Neptuno,** obra también de Ventura Rodríguez y émula futbolística de la Cibeles, por ser lugar de celebración de los hinchas del otro gran equipo de la ciudad: el Atlético de Madrid.

5 Museo del Prado

Más abajo, a mano izquierda, se ve el **Museo del Prado.** Cuando en 1785, tres años antes de su muerte, Carlos III encargó a Juan de Villanueva la construcción del edificio, lo que tenía en mente era un museo de historia natural. El jardín botánico lindante con el museo formaba parte del proyecto.

6 Jardín botánico

La entrada al **Real Jardín Botánico,** gestionado por el Consejo Superior de Investigaciones Científicas, cuesta 4 €, pero bien merecen la pena.

EXPERIENCIAS

Contemplar las vistas desde CentroCentro VISTAS DESDE LA AZOTEA

PLANO: 1 P. 88 **B1**

En el señorial palacio de Comunicaciones, **CentroCentro** es uno de los espacios culturales más sorprendentes de Madrid, con 5000 m^2 para exposiciones distribuidos en cuatro plantas y notables rasgos arquitectónicos. Lo mejor es el **Mirador de Madrid** en la 8ª planta (3 €) con grandes vistas de la Gran Vía y de la ciudad, en general.

Visitar la Real Fábrica de Tapices TALLER DE ARTESANÍA

PLANO: 2 P. 88 **E4**

La **Real Fábrica de Tapices** es una de las pocas manufacturas de Europa donde todavía puede verse cómo se confecciona un tapiz. La visita recorre las salas donde los tejedores utilizan canillas cargadas con hilos de lana y seda para reproducir en el tapiz el cartón pintado que sirve de modelo. Los guías explican las técnicas de producción, que se remontan a 1721, cuando Felipe V trajo a los Vandergoten, una familia de maestros artesanos de Bruselas. Los primeros trabajos se parecían mucho a los tapices flamencos, hasta que entró en escena un joven Francisco de Goya. Nuevo en Madrid, Goya sintió una fascinación inmediata por la ciudad y empezó a diseñar tapices donde plasmaba las animadas escenas que veía a su alrededor. Además de su representación del Rastro expuesta en el edificio, en la **Galería de las Colecciones Reales** (p. 42) pueden verse otros tapices de Goya.

Asombrarse ante el jardín vertical de Caixa Forum ARQUITECTURA MODERNA

PLANO: 3 P. 88 **B4**

Este edificio de ladrillo con un curioso cuerpo superior de metal oxidado parece flotar sobre la calle. El costado de un edificio aledaño se ha revestido con un exuberante jardín vertical de casi cuatro pisos. En el interior de **Caixa Forum** se han habilitado cuatro plantas de espacio expositivo, con altos techos y abundancia de acero inoxidable. Las muestras de fotografía, pintura moderna y espectáculos multimedia siempre merecen la pena.

Explorar el Museo La Neomudéjar MUSEO DE ARTE

PLANO: 4 P. 88 **E4**

El **Museo La Neomudéjar,** probablemente el menos conocido y más curioso de Madrid, ocupa un enorme espacio industrial junto a la estación de Atocha dedicado antiguamente a la formación de ferroviarios. Las exposiciones suelen ser de temática feminista, *queer* y alternativa.

Lo mejor para...

Localizaciones en el plano de la **p. 88**

€ Económico €€ Medio €€€ Alto

Comer

Comida española

Vinos de Bellota €€
5 E1
Platos excelentes, en particular los famosos "fideos tostados". *12.00-24.00 ma-sa, hasta 19.00 do*

La Tasquería €€
6 F1
Sus versiones refinadas de casquería madrileña le han reportado una estrella Michelin. *13.30-16.00 y 20.30-23.00 lu-sa*

Restaurante Castelados €€
7 E1
Raciones generosas de rabo de toro y croquetas en un espacio agradable y sin pretensiones. *12.30-17.00 y 20.00-1.00*

Restaurante Mercado de Ibiza €€
8 E2
Un sitio elegante con versiones novedosas de comida tradicional como el brioche de rabo de toro y los canelones de ropa vieja. *13.00-24.00*

Tabernas tradicionales

Hasta los Andares €
9 E2
Tablas de embutidos y queso en una taberna de la calle de Ibiza. *12.00-16.30 y 20.00-24.00 ma-do*

Sazón-arte €€
10 E1
Acogedor bar de tapas con unas suculentas carrilleras de cerdo y una rica morcilla. *13.00-15.30 y 20.30-23.00 ma, vi y sa*

La Castela €€
11 E1
Animada taberna con exquisiteces del mar. *12.30-17.00 y 20.00-0.30 lu-sa*

Para un pícnic

Panem €€
12 F1
Panadería y pastelería famosa por sus panes, cruasanes y roscones de Reyes. *9.00-20.00 ma-sa*

Holy Grain Bakery €€
13 E2
Todo sin gluten, desde dónuts hasta rollos de canela. *9.00-21.30*

Mi Pan de Siempre €€
14 F2
El mejor sitio para comprar pan de masa madre recién horneado. *8.30-21.00*

Beber

Cócteles

Inverso Cocktails
véase 10 E1
Bar con cócteles de autor y tapeo italiano. *15.00-1.00 sa-ma*

Farándula Madrid
15 E1
Cócteles imaginativos servidos en un íntimo *lounge*-bar. *18.00-1.00*

Con mucho estilo

Champagne Bar
16 B2
El lujoso bar del hotel Mandarin Oriental destaca por sus propuestas románticas. *13.00-16.00 y 20.00-23.00*

Comprar

Librerías

Caixa Forum
véase 3 B4
En el ultramoderno vestíbulo del museo, vende sobre todo libros y revistas de arte. *10.00-20.00*

Sugerencias de lugares para comer, beber y comprar en **p. 122**

Explora
Salamanca

En el barrio de Salamanca, la calle de Serrano, con sus elegantes edificios y sus tiendas de lujo, podría pasar fácilmente por un bulevar parisino. Este distrito de ensanche con planta de cuadrícula al norte del centro de Madrid fue promovido por el ministro y hombre de negocios José de Salamanca y Mayol, cuyas andanzas políticas lo llevaron al exilio en París en dos ocasiones y que murió en la ruina. Exclusivo y chic, el barrio de Salamanca es ideal para comprar artículos caros y comer por todo lo alto. Aquí se encuentra también la plaza de toros de Las Ventas, un edificio neomudéjar de innegable majestuosidad, con independencia de lo que se opine sobre la tauromaquia.

Cómo desplazarse

Metro

Las estaciones de metro de Serrano y Velázquez (ambas en la línea 4) o Núñez de Balboa (líneas 4 y 5) son las mejor situadas para las tiendas del barrio. Gregorio Marañón (líneas 7 y 10) es la más próxima al Museo Lázaro Galdiano. La plaza de toros de Las Ventas queda al este de Salamanca, con salida directa desde el metro de Ventas (líneas 2 y 5).

Plaza de toros de Las Ventas (p. 119).

★

LO MEJOR

TIENDAS DE LUJO
Milla de Oro (p. 117)

GALERÍA DE VANGUARDIA
Espacio SOLO (p. 118)

ARQUITECTURA
Plaza de toros (p. 119)

IGLESIA
Iglesia de San Manuel y San Benito (p. 119)

MUSEO
Museo Arqueológico Nacional (p. 114)

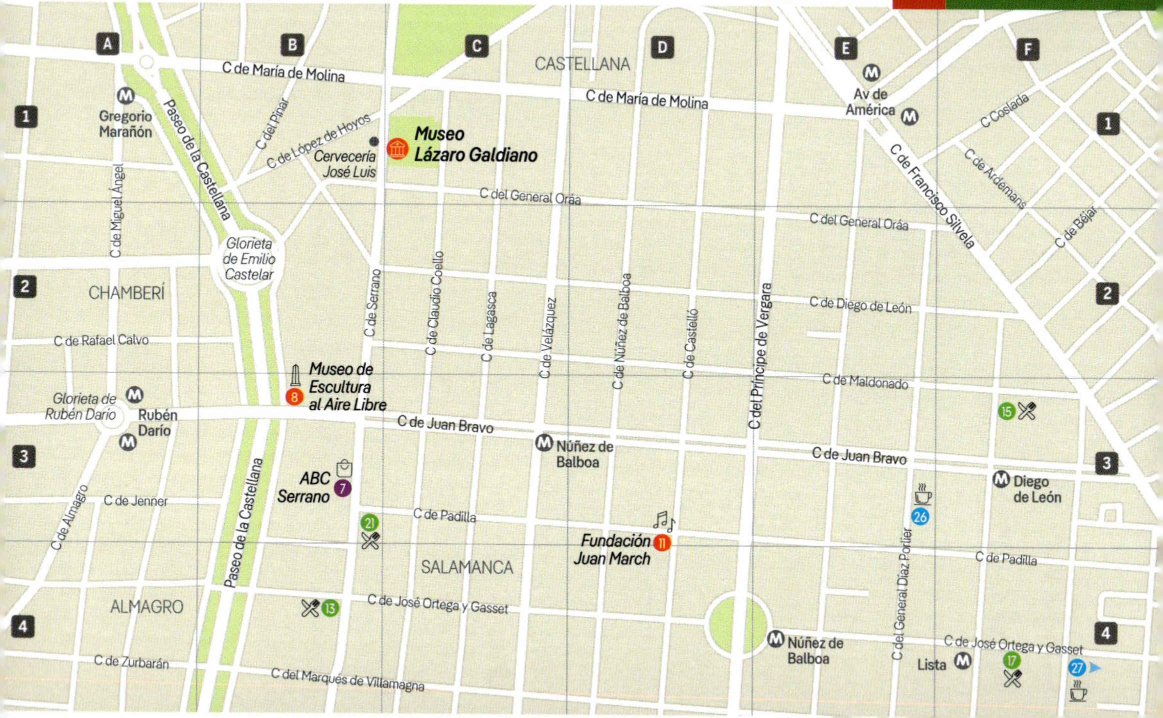
A
B
C
D
E
F
1
2
3
4
CASTELLANA
CHAMBERÍ
SALAMANCA
ALMAGRO
C de María de Molina
Gregorio Marañón
Paseo de la Castellana
C del Pinar
C de López de Hoyos
Cervecería José Luis
Museo Lázaro Galdiano
C del General Oráa
C de Miguel Ángel
Glorieta de Emilio Castelar
C de Rafael Calvo
C de Serrano
C de Claudio Coello
C de Lagasca
C de Velázquez
C de Núñez de Balboa
C de Castelló
C del Príncipe de Vergara
C de Diego de León
C de Maldonado
Museo de Escultura al Aire Libre
8
Glorieta de Rubén Darío
Rubén Darío
C de Juan Bravo
Núñez de Balboa
ABC Serrano
7
C de Jenner
C de Almagro
21
C de Padilla
Fundación Juan March
11
13
C de José Ortega y Gasset
C de Zurbarán
C del Marqués de Villamagna
Av de América
C Coslada
C de Ardemans
C de Francisco Silvela
C de Béjar
15
Diego de León
26
C del General Díaz Porlier
Lista
17
27

Más información
Imprescindible p. 112
Experiencias p. 118
Comer p. 122
Beber p. 123
Comprar p. 123
Plaza de toros de Las Ventas
Casa Árabe
Museo Arqueológico Nacional
Biblioteca Nacional
Fernán Gómez Centro Cultural de la Villa
Plaza de Colón
Jardines de Descubrimiento
Mercado de la Paz
Espacio SOLO
Iglesia de San Manuel y San Benito
Puerta de Alcalá
Plaza de la Independencia
Fenix Restobar
Parque del Buen Retiro
RECOLETOS
JUSTICIA
GOYA
Colón
Serrano
Velázquez
Goya
Príncipe de Vergara
Retiro
C de Don Ramón de la Cruz
C de Fernando el Santo
C de Ayala
C de la Hermosilla
C de Goya
C de Jorge Juan
C de Villanueva
C del Conde de Aranda
C de Columela
C de Alcalá
C de los Recoletos
C de Salustiano Olózaga
C del Cid
Paseo de la Castellana
Paseo de Recoletos
C de Serrano
C de Claudio Coello
C de Velázquez
C de Núñez de Balboa
C de Castelló
C del Príncipe de Vergara
C del General Pardiñas
C del Conde de Peñalver
C de Alcántara
C de Narváez
Av de Menéndez Pelayo
Plaza de Salvador Dalí
0
400 m

★ IMPRESCINDIBLE

Museo Lázaro Galdiano

Este imponente palacete de piedra de estilo italianizante construido a principios del s. xx perteneció a José Lázaro Galdiano, financiero y mecenas de las artes. Su colección particular, legada al Ayuntamiento tras su muerte, consta de 13000 obras y objetos de arte, que incluyen pinturas de grandes maestros europeos.

PLANO: P. 110 **C1**

CONSEJO
Salvo que se tenga especial interés o se quieran como recuerdo, no hace falta comprar las guías que venden en la entrada: los rótulos explicativos son excelentes.

Escanea este código QR para precios, horarios y demás.

Obras de grandes maestros

Nadie puede negar que José Lázaro Galdiano (1862-1947) tenía un gusto exquisito para el arte: durante su vida reunió una colección extraordinaria. Las obras que se exponen en este museo justifican su inclusión entre los mejores de Madrid.

Aunque Lázaro Galdiano sentía predilección por la pintura española, también pueden verse salas dedicadas a las escuelas francesa, italiana, flamenca e inglesa. Entre las piezas más valiosas figuran obras de El Bosco, Lucas Cranach y John Constable. Como es natural, los maestros españoles del Siglo de Oro están bien representados, con pinturas de Francisco de Zurbarán, Claudio Coello, Bartolomé Esteban Murillo y El Greco. Y por si esta pléyade de pintores no bastara, en la **sala 11** se expone una obra atribuida a Velázquez.

Goya

Como suele ocurrir, Francisco de Goya ocupa un lugar especial y domina la **sala 13,** mientras que el techo de la vecina **sala 14** presenta un *collage* de algunas de sus obras más famosas; es fácil reconocer *La maja desnuda, La maja vestida* y los frescos de la **ermita de San Antonio de la Florida** (p. 48).

JOE LOGAN/SHUTTERSTOCK ©

Otras piezas

Esta extraordinaria colección no se limita a la pintura, sino que abarca esculturas, bronces, miniaturas, joyas, cerámica, muebles y armas. Casi toda la planta baja la ocupa una exposición sobre el ambiente social en que vivió Lázaro Galdiano, con cientos de curiosidades de todo el mundo. La preciosa 1ª planta, con muchas obras de arte españolas, se distribuye en torno al antiguo salón de baile bajo techos pintados al fresco.

En el piso alto, la **sala 24** exhibe textiles exquisitos. Aparte de la colección permanente, el museo acoge exposiciones temporales de artistas contemporáneos, cuyas piezas se intercalan con la colección de Lázaro Galdiano en las plantas 2ª y 3ª.

UNA PAUSA
Cerca del museo, la **cervecería José Luis** es muy frecuentada por jóvenes que piden tortilla de patatas con agua mineral embotellada.

★ IMPRESCINDIBLE

Museo Arqueológico Nacional

Tras su noble fachada neoclásica, el Museo Arqueológico Nacional expone una selección espectacular de piezas. La magnífica colección permanente contiene hallazgos que van desde la prehistoria hasta la Edad Media. Con un inmenso muestrario de estatuas romanas, vasos griegos y monedas antiguas, de aquí nadie sale decepcionado.

PLANO: P. 110 **B7**

CONSEJO
Si hay poco tiempo, mejor dar prioridad a las piezas más valiosas del museo; en la entrada se puede recoger un folleto con los grandes tesoros y sus salas correspondientes.

Escanea este código QR para precios, horarios y demás.

Entrada señorial

Fundado en 1867, el Museo Arqueológico Nacional ocupa el inmenso palacio de la Biblioteca y Museos Nacionales, una joya neoclásica del s. XIX con un gran patio central lleno de estatuas antiguas.

A los visitantes se les recibe con una instalación audiovisual que presenta los sucesivos períodos de la historia de España bajo dominio romano, visigodo, islámico y cristiano. A partir de aquí se emprende un viaje cronológico por 40 salas en varias plantas donde, empezando por la prehistoria, se explora la Hispania romana, la al-Ándalus musulmana y la Edad Media, hasta llegar a los Reyes Católicos.

Exposiciones táctiles

Dos notables exposiciones táctiles son “De Iberia a Hispania” y “La unidad del Imperio romano”, que ahondan en la romanización de España y los profundos cambios que trajo a su cultura, gobierno y arquitectura. “La decoración arquitectónica andaluza y mudéjar” es otra instalación fascinante que pone de relieve la prolongada y enriquecedora influencia mudéjar en la arquitectura y la estética españolas.

DIEGO GRANDI/SHUTTERSTOCK ©

Joyas del museo

La **sala 13** guarda la joya más preciada: la *Dama de Elche,* una exquisita escultura en piedra de una mujer con rico atavío hallada en un yacimiento arqueológico cerca de Elche (Alicante); este misterioso símbolo de la cultura íbera ha alumbrado distintas teorías sobre su identidad: ¿era una diosa, una sacerdotisa o una aristócrata deificada? Otra dama íbera aguarda en la **sala 11:** la *Dama de Baza* es una escultura sedente en piedra caliza policromada del s. IV a.C., aparecida en una cámara funeraria.

La **sala 23** exhibe la corona votiva de Recesvinto, rey visigodo del s. VII. En la **sala 38** puede verse una moneda curiosa: el *tevau* o "dinero pluma", una tira de fibra vegetal enroscada sobre dos anillos de corteza de árbol y tejida con plumas rojas. La **sala 28** expone algo más 'moderno': el ábaco de Napier, un invento del s. XVI con el que se realizaban operaciones matemáticas.

UNA PAUSA
La cafetería del museo saca de apuros, pero es un poco fría y aséptica; para una pausa relajante se recomienda cruzar hasta el cercano **Fénix Restobar.**

CIRCUITO A PIE

De tiendas por el barrio de Salamanca

Desde diseñadores internacionales que no necesitan presentación hasta firmas españolas de prestigio, este barrio materializa los sueños de cualquier *fashionista*. Si se añaden tiendas *gourmet* y sitios informales pero con clase donde hacer un alto, el resultado es un día de compras para recordar.

INICIO	FINAL	DURACIÓN
Bimba y Lola	Calle de José Ortega y Gasset	2,5 km; 2-4 h

1 Diseño gallego

Los más observadores habrán reparado en que los bolsos de **Bimba y Lola** se ven por todo Madrid. Y es que esta firma de lujo gallega triunfa con su ropa y complementos asequibles y muy elegantes.

2 Confort 'cool'

No todo es alta costura en la moda española. La firma de calzado mallorquina **Camper** ofrece diseños refinados y siempre *cool* que aúnan calidad y confort.

3 Cuero de lujo

Loewe, la firma de lujo española por excelencia, es famosa por sus artículos de piel, en especial los bolsos que se venden aquí, en su espléndida tienda matriz, junto con numerosos complementos.

4 Un festín visual

Para empaparse del ambiente del barrio de Salamanca hay que entrar en el **mercado de la Paz,** una bonita construcción de finales del s. XIX, y picar algo. O quizá sea preferible, para no engrosar la cintura, limitarse a pasear por los puestos y disfrutar de un festín visual mientras se compra.

5 Alumna aventajada

La diseñadora Laura Corsini ha salido de la égida de su maestra, la famosa diseñadora española Ágatha Ruiz de la Prada, para dar a luz **Bimani,** una marca de ropa con elegantes prendas reversibles.

6 Bacalao cántabro

El restaurante cántabro **La Maruca** goza de justa fama por sus ligerísimos buñuelos de brandada de bacalao con alioli, su bacalao con tomate "como toda la vida", su ensalada fresca de ave escabechada y una cremosa tarta de merengue y limón, todo servido en un espacio moderno y diáfano con mesas de madera.

7 Pasteles galardonados

El maestro repostero catalán **Oriol Balaguer** ganó un premio al Mejor Postre del Mundo (las "siete texturas de chocolate"), y sus cruasanes fueron declarados los mejores de España en el 2014. La tienda que lleva su nombre se especializa en bombones y tartas de refinada elaboración.

8 La Milla de Oro

Los diseñadores internacionales más eminentes ocupan la conocida como "Milla de Oro" emplazada en la **calle de José Ortega y Gasset:** por el lado sur, Hermès y Chanel; doblando la esquina, en Serrano, Gucci y Cartier. Y eso es solo el principio...

EXPERIENCIAS

Conectar con el legado musulmán de España

CENTRO CULTURAL

PLANO: 1 P. 110 **D7**

Inspirado en las mezquitas del al-Ándalus medieval y otras de construcción más moderna, este edificio de finales del s. XIX constituye un ejemplo sobresaliente de la arquitectura neomudéjar y es el marco más adecuado para la **Casa Árabe,** dedicada a reforzar los lazos culturales y diplomáticos entre España y el mundo árabe. Espacio para la enseñanza y el diálogo, su variado programa de actividades incluye proyecciones de películas, conferencias, clases de árabe y exposiciones.

Es también una de las sedes del festival anual **PHotoESPAÑA** (may-sep) y acoge una exposición de fotografía en verano. Su terraza, el **Jardín Alhambra Madrid,** es un sitio muy agradable para tomar una cerveza y unas croquetas.

Hacer una entrada triunfal

PUERTA DE LA CIUDAD

PLANO: 2 P. 110 **B8**

El imponente arco triunfal de la **puerta de Alcalá** fue antaño la entrada principal a Madrid (el nombre viene de que la carretera que de ella partía en dirección a Alcalá de Henares) y la rodeaban las murallas de la ciudad. Era aquí donde se controlaba el acceso a la capital y se cobraba el consiguiente portazgo.

La primera puerta con este nombre se construyó en 1599, pero a Carlos III no le agradaba, y en 1764 mandó derribarla y construir otra, que es la actual. Como mejor se aprecia su arquitectura es desde el este, con bonitas vistas del centro de Madrid enmarcadas por el arco central. La reciente restauración ha costado al Ayuntamiento 3,1 millones de euros.

Ver arte digital

GALERÍA

PLANO: 3 P. 110 **B8**

Entre las estilosas terrazas de la plaza de la Independencia entra de rondón el **Espacio SOLO,** un centro de exposiciones vanguardistas que pasa fácilmente inadvertido si se desconoce su existencia. La colección consta de más de 1000 obras de artistas modernos de todo el mundo que trabajan en soportes como pintura, escultura, tapices, IA y arte digital. SOLO se inscribe en una iniciativa global que aspira a promover y apoyar el arte contemporáneo, con énfasis en la experimentación y el diálogo.

Aunque la entrada es libre, hay que registrarse en su web *(coleccionsolo.com)* para concertar un circuito guiado gratuito; con esto se pretende ofrecer una experiencia más íntima con la colección y con el propio espacio expositivo. Dispone además de un amplio salón con sofás y mesas bajas –ideales para conversar tomando café después de ver las obras– y

¿QUIÉN FUE EL MARQUÉS DE SALAMANCA?

El distrito de Salamanca debe su nombre al millonario José de Salamanca y Mayol, cuyos éxitos financieros fueron tan sonados como sus fracasos. Ministro de Hacienda, la reina Isabel II le concedió el marquesado de Salamanca. Artífice de la construcción del barrio más rico de Madrid, Salamanca impulsó además la construcción del ferrocarril Madrid-Aranjuez en 1845. El primer triunfo de Salamanca fue obtener del Gobierno el monopolio de la sal, un sector cuyas pérdidas consiguió revertir, pero años después fue víctima de la caída de sus cotizaciones en la Bolsa. Su palacio en el paseo de Recoletos es hoy la sede de la Fundación BBVA, que acoge actos culturales.

una minisala de cine con pantalla panorámica para proyecciones de videoarte.

Admirar Las Ventas
PLAZA DE TOROS HISTÓRICA

PLANO: 4 P. 110 **F6**

Desde corridas hasta actuaciones de los Beatles, la **plaza de toros de Las Ventas,** al este del barrio de Salamanca, ha sido escenario de grandes espectáculos durante casi un siglo desde su inauguración oficial en 1934. Construida en estilo neomudéjar, su aforo de 23 000 espectadores la convierte en la segunda plaza de toros más grande del mundo.

La plaza constituye un ejemplo cimero del estilo arquitectónico que prevaleció en España desde finales del s. XIX hasta principios del s. XX. Diseñado por José Espelius, este enorme coso taurino presenta influencias de la arquitectura islámica medieval y moderna, con arcos de herradura y excepcionales azulejos pintados a mano. Uno de sus elementos más llamativos es la *Puerta Grande,* cuya decoración se inscribe en el renacimiento del arte de la cerámica a principios del s. XX. Los interesados en la tauromaquia pueden realizar una visita con audioguía.

Asombrarse ante mosaicos neobizantinos
IGLESIA

PLANO: 5 P. 110 **C8**

Por el otro lado de la calle de Alcalá, frente al parque del Retiro, es fácil reparar en la cúpula forrada de cobre rojo y la torre cuadrada blanca de la **iglesia de San Manuel y San Benito,** construida en estilo neobizantino a principios del s. XX según un diseño de Fernando Arbós y Tremanti. La iglesia abre entre semana de 8.00 a 13.00 y de 18.00 a 20.00; merece la pena entrar para echar un vistazo a sus extraordinarios mosaicos.

Probar la mejor tortilla de Madrid

MERCADO

PLANO: 6 P. 110 **C5**

El **mercado de la Paz** es un prestigioso mercado cubierto con algunos de los mejores restaurantes de la ciudad, pero a precios más asequibles de lo habitual. Los orígenes de este señorial mercado de abastos construido en 1882 se remontan a los del propio barrio de Salamanca. Una vez franqueadas sus tres entradas –la principal en la calle de Ayala; las otras dos, en Lagasca y Claudio Coello–, se penetra en un verdadero edén gastronómico, donde las frutas, verduras, pescados y mariscos fresquísimos rebosan de los puestos de diseño vanguardista integrados en la estructura de hierro original.

Como tantos mercados de Madrid, el de la Paz ha evolucionado con los tiempos, y muchos puestos son hoy pequeños restaurantes que se han ganado el cariño —y el apetito— de los madrileños. **Casa Dani** es famosa por su deliciosa tortilla. **Matteo Cucina Italiana** combina una tienda de comestibles italiana con un restaurante que prepara una de las mejores carbonaras de la capital. **Oh Delice Bistrot,** por su parte, ofrece ostras servidas de maneras insólitas y creativas: en esferificación de *gin-tonic* o vodka, ahumadas con madera de limonero, con salsa *ponzu* y brotes...

Ir de compras a una gran obra arquitectónica

CENTRO COMERCIAL

PLANO: 7 P. 110 **B3**

Instalado en la antigua sede del diario *ABC*, **ABC Serrano** es un edificio neoplateresco con una maravillosa fachada de azulejos que presenta influencias valencianas. Esta construcción centenaria acoge hoy un centro comercial de lujo, así que se puede entrar sin problema. Desde la terraza de la última planta se ve más de cerca la obra de cerámica que decora sus torres.

Ver arte al aire libre

MUSEO

PLANO: 8 P. 110 **B3**

La colección de 17 esculturas abstractas del **Museo de Escultura al Aire Libre** comprende obras del reputado artista vasco Eduardo Chillida, el maestro catalán Joan Miró, Eusebio Sempere y Alberto Sánchez, entre otros eminentes escultores españoles del s. XX. Las obras se exponen bajo el paseo de Eduardo Dato, que cruza por encima del paseo de la Castellana; pero, sin que se sepa bien por qué, el tráfico y los excrementos de las palomas añaden atractivo a la colección. Todas las esculturas menos una se emplazan por el lado este del paseo.

Enfrascarse en libros antiguos

BIBLIOTECA

PLANO: 9 P. 110 **A7**

De los edificios señoriales erigidos en el s. XIX que jalonan el paseo de Recoletos, el más impresionante es quizá el de la **Biblioteca**

Nacional (1892), que domina el flanco sur de la plaza de Colón. El fascinante museo de la planta baja, al que se accede por una entrada aparte, es de visita obligada para los bibliófilos, con exposiciones interactivas sobre imprentas y otros materiales de artes gráficas, manuscritos iluminados, la historia de la biblioteca y los cafés literarios. Algunas piezas destacadas son el mapa de España de 1626 y *Mademoiselle Léonie en un sillón* de Pablo Picasso en la Sala de las Musas. ¡No se ve ni un solo *e-book*!

Disfrutar de riquezas artísticas MUSEO

PLANO: 11 P. 110 **D3**

Juan March, en su día el hombre más rico de España, amasó su fortuna durante la I Guerra Mundial, y en la Guerra Civil prestó apoyo financiero al bando nacional. La fundación que lleva su nombre nació con la misión de promover la cultura en España para beneficio de toda la comunidad. Tan admirable propósito ha prevalecido hasta hoy, y las exposiciones y conferencias en la sede madrileña de la **Fundación Juan March** se caracterizan por su buena organización, su sintonía con la actualidad y –algo increíble en los tiempos que corren– su gratuidad. Los aficionados a la música clásica deben revisar su web para informarse sobre la temporada de conciertos; eso sí, para asegurarse un asiento hay que reservar con mucha antelación.

HISTORIA DE DOS ESTATUAS

En la **plaza de Colón** convergen dos de las principales arterias capitalinas: el paseo de la Castellana y el de Recoletos. Cristóbal Colón está inmortalizado con un monumento neogótico de mármol construido en 1885 que se alza sobre una rotonda frente a otro referente arquitectónico madrileño, las **Torres de Colón** (1974), hasta 1989 el edificio de oficinas más alto de Madrid. En los últimos años, Colón se ha visto eclipsado por otro personaje: **'Julia',** una escultura de 12 m del barcelonés Jaume Plensa que representa una cabeza de mujer. Instalada para su exhibición temporal, al final el Ayuntamiento de Madrid decidió dejarla en su sitio para siempre.

PLANO: 10 P. 110 **B6**

Deleitar los oídos SALA DE CONCIERTOS

PLANO: 12 P. 110 **A6**

El *jazz,* la música clásica y el flamenco dominan la programación de esta amplia sala de conciertos subterránea. Con asientos confortables en pendiente que rodean el escenario y una acústica extraordinaria, el **Fernán Gómez Centro Cultural de la Villa** está concebido para deleitar a los melómanos. Situado en los bajos de la plaza de Colón, el centro acoge también interesantes exposiciones temporales.

SUGERENCIAS

Lo mejor para...

€ Económico €€ Medio €€€ Alto

Localizaciones en el plano de la p. 110

Comer

Restaurantes memorables

StreetXO €€€
13 B4
El vanguardista hermano menor del restaurante más famoso de Madrid, DiverXO (tres estrellas Michelin), sirve comida de fusión que siempre sorprende. *13.00-15.30 y 20.00-23.00*

El Paraguas €€€
14 C7
Platos asturianos como fabada y cachopo en un espacio elegante con terraza acristalada en la acera. *12.30-2.00*

Restaurante Cañadío €€
15 F3
Restaurante cántabro con una barra de pinchos que se abre antes del turno de cena, y mesas al aire libre. *8.00-24.00 lu-vi, 9.30-1.00 sa, hasta 24.00 do*

Bel Mondo €€
16 C6
Elegante italiano de dos plantas con terraza ajardinada, famoso por su carbonara. Los fines de semana se forman largas colas. *Horario variable*

Restaurante Gallego As Pedriñas Novas €€
17 F4
Excelentes pescados y mariscos y menú del día al almuerzo; hay que probar los percebes. *8.00-24.00 lu-vi, desde 10.00 sa, 12.00-17.00 do*

'Brunch'

La Desayunería €
18 C5
Clásicos americanos del *brunch* servidos todo el día, como beicon, pollo y gofres, huevos benedictinos y unos batidos deliciosos. *9.00-20.00*

El Perro y Galleta €€
19 B8
Los perros son bienvenidos en este restaurante acogedor y elegante frente al Retiro, con desayunos variados (español, inglés y sano) y pasteles y otros postres caseros. *10.00-0.30 do-mi, hasta 1.00 ju, hasta 1.30 vi y sa*

Ramses €€€
20 B8
Restaurante de lujo diseñado por Philippe Starck. Los domingos se puede disfrutar de un *brunch* en la terraza, con *jazz* en directo/sesiones de DJ y vistas de la puerta de Alcalá. *12.00-2.00 do-ju, hasta 2.30 vi y sa*

Delphina €€
21 B3
Café de esquina con clásicos de *brunch*, ricos postres y opciones veganas, más buenos vinos y cócteles. *Jazz* en directo los jueves. *8.00-23.00 lu-mi, hasta 24.00 ju, hasta 12.30 vi, 10.00-0.30 sa, hasta 23.00 do*

Postres

La Mejor Tarta de Chocolate del Mundo €
22 C8
Frente al parque del Retiro, en sus tartas de chocolate se puede elegir entre un 70 o un 53% de cacao. *12.00-21.00*

Beber

Coctelerías

CarmenBar

23 B5

Coctelería y taberna que sirve pescados y mariscos, y tablas de embutidos para compartir, en un ambiente cálido. *7.00-1.00 lu-vi, desde 8.00 sa, 9.00-24.00 do*

CircusXO

véase 13 B4

La coctelería experimental de StreetXO ofrece inventos tan imaginativos como su "huevo de la Pedroche", un colosal huevo humeante del que sale un cóctel de cachaza, *chutney* de mango, coco, mandarina, *yuzu* y chocolate blanco. *13.00-15.30 y 20.00-23.00*

Magerit Cocktail Bar

24 C7

Coctelería de lujo con Iluminación tenue que se convierte en discoteca por la noche. La entrada (30 €) incluye dos consumiciones. *20.00-3.00 mi, hasta 4.00 ju, hasta 5.00 vi, 17.00-3.00 sa*

Fénix Cocktail Bar

25 B6

Bar tranquilo y elegante dentro de un hotel con una extensa y variada carta de cócteles. *13.00-1.00 lu-ju, hasta 2.00 vi-do*

Cafés

Manolo Bakes

26 E3

Famoso por sus manolitos (minicruasanes) dulces y salados, perfectos para acompañar los cafés de Sudamérica y África. *7.30-21.30 lu-sa, desde 8.00 do*

La Colonia Ultramar

27 F4

Tienda de café y té de todos los países productores del mundo, con mezclas y tuestes personalizados; también venta de accesorios y barra de degustación. *10.00-20.00 lu-vi, hasta 14.00 sa*

La Merendona

28 E7

Deliciosos pasteles artesanos, excelente café colombiano, amplia selección de tés y batidos. *10.30-14.00 y 16.00-20.30 lu-vi, 9.30-20.30 sa y do*

Comprar

Tiendas de lujo

Bimba y Lola

29 B7

Un clásico de la elegancia en Madrid, con una atractiva colección de ropa, bolsos y complementos. *10.00-20.30 lu-sa, 12.00-20.00 do*

Adolfo Domínguez

30 B7

Este diseñador se catapultó a la fama en la década de 1980 y es famoso por su uso de tejidos naturales. *10.00-21.00 lu-sa, 12.00-20.00 do*

Tiahra

31 C5

Joyas hechas a mano que fusionan los diseños español e indio y ponen el acento en la sostenibilidad. *11.00-21.00 lu-sa*

Sugerencias de lugares para comer, beber y comprar en **p. 138**

Explora Malasaña y Chueca

No cabe duda: la fiesta está en Malasaña y Chueca. El barrio bohemio y el barrio gay son colindantes, con fronteras cada vez más difusas entre sus dos ambientes. De no partirlos por la mitad la calle de Fuencarral, sería difícil determinar dónde termina uno y empieza el otro. Los fines de semana, con los bares y discotecas abiertos hasta las tantas, tampoco se distingue bien entre el día y la noche. Aquí el día empieza algo más tarde, pero, cuando llega, la zona ofrece algunas de las mejores tiendas y restaurantes de Madrid.

Cómo desplazarse

Metro

Malasaña se asienta en una cuesta que baja hasta la Gran Vía, así que conviene empezar a explorarlo desde arriba. Partiendo de la estación de metro de Tribunal, hay que ir hacia la plaza del Dos de Mayo antes de recorrer el resto de la zona descendiendo hasta los metros de Callao o Plaza España. La estación de metro de Chueca se sitúa en el corazón del barrio, en la misma plaza de Chueca.

Chueca.

LO MEJOR

FESTIVAL
Madrid Orgullo (p. 134)

MERCADO MULTICULTURAL
Mercado de los Mostenses (p. 134)

MUSEO
Antiguo Cuartel del Conde Duque (p. 136)

FRESCOS EN UNA IGLESIA
Iglesia de San Antonio de los Alemanes (p. 137)

TIENDA ATREVIDA
La Pollería (p. 134)

A
B
C
D
1
2
3
4
5
6
C de Alberto Aguilera
San Bernardo
Glorieta de Ruiz Jiménez
C de Carranza
Glorieta de Bilbao
C de Santa Cruz de Marcenado
C del Conde Duque
CONDE DUQUE
C de Manuela Malasaña
Palacio de Liria
Antiguo Cuartel del Conde Duque
C de Montserrat
C de Quiñones
C del Divino Pastor
C de San Bernardo
C de Ruiz
C de San Andrés
La Vía Láctea
C de Daoiz
Plaza del Dos de Mayo
C de Velarde
C de la Palma
Travesía del Conde Duque
C de Bernardo López García
C de Amaniel
C del Acuerdo
C de Norte
C de San Vicente Ferrer
Farmacia Juanse
MALASAÑA
C del Noviciado
Noviciado
C de San Bernardino
C del Espíritu Santo
C del Tesoro
C Pozas
C de la Marqués de Santa Ana
C Jesús del Valle
Plaza de España
C del Maestro Guerrero
C de los Reyes
Noviciado
C de Manzana
C de Andrés Borrego
C del Pez
C de la Madera
C del Molino de Viento
Plaza de España
Plaza de España
C de Antonio Grilo
Mercado de los Mostenses
C Parada
C de San Bernardo
C de Pizarro
Plaza Carlos Cambronero
C de la Corredera Baja de San Pablo
C del Barco
Gran Vía
C de la Luna
C del Río
C del Fomento
C de Leganitos
Iglesia de San Antonio de los Alemanes
C de la Flor Alta
Santo Domingo
C de Silva
C de Tudescos
C del Desengaño
C de Torija
Callao
Gran Vía
Plaza del Callao
C de la Abada
C del Carmen
C de la Salud
Plaza del Carmen
C de la Montera
Más información
Imprescindible p. 128
Experiencias p. 134
Comer p. 138
Beber p. 138
Comprar p. 139
0
200 m

E
F
G
H
1
2
3
4
5
6
C de Luchana
C de Francisco de Rojas
C de Manuel Silvela
C de Santa Engracia
C de Zurbarán
C de José Marañón
Bilbao
C de Sagasta
C de Almagro
C de Zurbano
C de Fernando el Santo
C de Larra
C de Mejía Lequerica
C Serrano Anguita
Alonso Martínez
Plaza de Alonso Martínez
Alonso Martínez
C de Orfila
C de Apodaca
Plaza de Santa Bárbara
C de Génova
Madrid Me Mata
C de Barceló
Jardines Arquitecto Rivera
C de la Beneficencia
C de Fernando VI
C de Orellana
El Penta
C de San Mateo
C de Campoamor
35
Museo de Historia de Madrid
2
Museo del Romanticismo
Tribunal
C de San Lorenzo
C de Argensola
C del General Castaños
Plaza de la Villa de París
C del Marqués de la Ensenada
C de Hortaleza
C de Pelayo
C de la Santa Brígida
Iglesia de San Antón
30
C de Belén
Plaza de las Salesas
C de Colón
18
C de la Farmacia
4
C de Bárbara de Braganza
C de Hernán Cortés
C San Lucas
24
CHUECA
1
La Pollería
36
C de Gravina
C de Piamonte
C de Tamayo y Baus
C de Valverde
C de Augusto Figueroa
Chueca
28
C del Conde de Xiquena
5
Fundación MAPFRE
C del Almirante
C de Fuencarral
C de Hortaleza
25
26
C de San Marcos
C de Barbieri
C de Prim
23
27
C de la Libertad
C de Barquillo
Paseo de Recoletos
C de las Infantas
C de Clavel
Plaza del Rey
Gran Vía
Gran Vía
C de la Reina
Banco de España
Plaza de la Red de San Luis
C del Caballero de Gracia
Banco de España
Plaza de Cibeles
C de los Jardines
CENTRO
C de Alcalá
Sevilla
C de la Aduana
Banco de España
Paseo del Prado

★ IMPRESCINDIBLE

Museo de Historia de Madrid

Este magnífico museo repasa la evolución de la ciudad desde la época en que Felipe II estableció aquí la capital de España y cubre acontecimientos trascendentales como el Dos de Mayo, sin olvidar la vida cotidiana de sus ciudadanos comunes y corrientes.

PLANO: P. 126 **E3**

CONSEJO
Si falta tiempo, mejor elegir la época que despierte más interés: la planta baja abarca de 1561 a 1700; la 1ª planta, de 1700 a 1814; y la última, de 1814 a 1900.

Escanea este código QR para precios, horarios y demás.

Los Austrias

Antes de entrar en el museo hay que admirar por un momento la rica ornamentación de la portada (foto), obra barroca de Pedro de Ribera. En lo alto, dentro de un nicho, la efigie de Fernando III el Santo, rey de Castilla en el s. XIII canonizado por extender el territorio católico reconquistado, saluda espada en mano a los visitantes desde 1726, cuando este edificio rosa salmón se abrió como hospicio.

El museo, luminoso y moderno, presenta la historia de Madrid en salas que siguen un orden cronológico. La entretenida narración empieza en 1561, año en que Felipe II decidió establecer la corte en la ciudad, convirtiéndola en la capital de España.

La planta baja se dedica al reinado de los Austrias, que terminó en 1700, y revela la influencia de la dinastía en las infraestructuras de la ciudad; repleta de maquetas, muebles y pinturas, ofrece un fascinante acercamiento a un mundo ya desaparecido.

La atracción estelar es el **plano de Madrid** (1656) de Pedro Teixeira, trazado después de que se ampliaran las murallas de la ciudad. Aunque muchas de las instituciones religiosas que recoge desaparecieron durante el breve reinado de José

ALEX SEGRE/SHUTTERSTOCK ©

Bonaparte, algunos referentes urbanos apenas han cambiado, como la plaza Mayor y el parque del Retiro, por aquel entonces parte del palacio real.

También revisten interés la pintura de Juan de la Corte de una fiesta en la plaza Mayor, con nobles a caballo jugando a las cañas, y los grabados de Louis Meunier del Madrid del s. XVII, donde todavía puede verse el Alcázar, el antiguo palacio real, destruido por un incendio en 1734, en época ya de los Borbones.

UNA PAUSA
El museo no tiene cafetería, pero en Chueca y Malasaña sobran sitios donde elegir, así que se puede salir y regresar.

Los Borbones

En la 1ª planta se descubren todas las innovaciones que trajo Carlos III, como la fundación de una fábrica de porcelana, destruida durante la guerra de la Independencia, de la que se exponen algunas piezas. El rey Carlos aplicó además a Madrid

EL RÁPIDO
Fernando III el Santo, el rey cuya efigie campea en la portada del museo, aparece de nuevo en la capilla. La pintura de Luca Giordano que lo representa arrodillado sobre una nube cuelga encima del altar. Este pintor barroco trabajaba con tanta rapidez que le pusieron el sobrenombre de *Luca el fa Presto.* Pero sus trabajos eran siempre excelentes, y merece la pena ver este enorme lienzo.

un elegante remozado, del que forma parte el paseo del Prado. En la exposición se muestran los bocetos de Ventura Rodríguez para la fuente de Cibeles, que sigue siendo uno de los símbolos de la ciudad.

Más emocionante resulta la sección dedicada a la invasión de España por los franceses y el levantamiento popular del Dos de Mayo. Tan compleja historia se resume con acierto en paneles informativos que explican cómo Napoleón se aprovechó de un vacío de poder cuando Fernando VII intentó arrebatar el trono a su padre. La guerra trastornó profundamente a Goya, que vivió de cerca la violencia y el caos de la época, y cuya obra refleja el impacto psicológico de aquellos años oscuros. Un panel explica lo que subyace en su *Alegoría de la Villa de Madrid,* una pintura en apariencia inocua.

La época moderna

La última planta reúne un rico muestrario de fotografías antiguas de la ciudad, grabados y atuendos tradicionales. En el conjunto destacan algunas fantásticas pinturas de Joaquín Sorolla y Francisco Pradilla, y también se incide en cómo la Revolución industrial afectó a la ciudad. En caso de que falte tiempo para esta planta, siempre se puede volver en otro momento, porque este fantástico museo es gratuito.

★ IMPRESCINDIBLE

Palacio de Liria

La residencia en Madrid de la Casa de Alba, familia poderosísima y con gran influencia internacional desde el s. XVI, se halla repleta de obras de arte de valor incalculable y da fe de sus inmensas riquezas.

PLANO: P. 126 **A2**

Tesoros barrocos

No hay que perderse el retrato de Tiziano del 3er duque de Alba, Fernando Álvarez de Toledo y Pimentel, el Gran Duque de Alba, cerca de la copia de Peter Paul Rubens del retrato del emperador Carlos V y su esposa, asimismo de Tiziano. Carlos V y su hijo Felipe II contaron con el también llamado "Duque de Hierro" para innumerables misiones, quizá la más controvertida fuera la represión de la sublevación en los Países Bajos Españoles. También se debe a Rubens una pintura de Felipe IV que lo plasma algo contrariado, quizá por su inminente derrota frente a las huestes holandesas.

Asimismo destaca el retrato de la infanta Margarita, hija de Felipe, pintado por Velázquez; aunque aquí es mucho más joven, se la reconoce por *Las meninas* (p. 92). Los aficionados a la pintura española del Siglo de Oro disfrutarán igualmente con las obras de El Greco, Ribera, Murillo y Zurbarán.

CONSEJO
La visita audioguiada dura unos 65 min; conviene llegar con antelación porque las asignaciones de hora son estrictas.

Los primeros 'influencers'

La pintura más representativa del palacio es el retrato de la duquesa de Alba pintado por Francisco de Goya en 1797, que representa a María Cayetana de Silva Álvarez de Toledo vestida de blanco con faja, lazos y collar rojos; pese a su semblante serio, el brillo de sus ojos denota cierta malicia. Goya pintó tantas veces a la duquesa que algunos pensaron que mantenían un idilio.

Escanea este código QR para precios, horarios y demás.

CIRCUITO A PIE

Caminata patrimonial

La mayoría de las elegantes casas de pisos que bordean las calles de Malasaña y Chueca datan de finales del s. XIX, pero la historia del barrio se remonta mucho más atrás. Esta ruta pasa por muchos de sus edificios más importantes: mansiones privadas, un enorme cuartel del s. XVIII y una antigua fábrica de cerveza.

INICIO	FINAL	DURACIÓN
Palacio de Liria	Museo del Romanticismo	1,7 km; 30 min

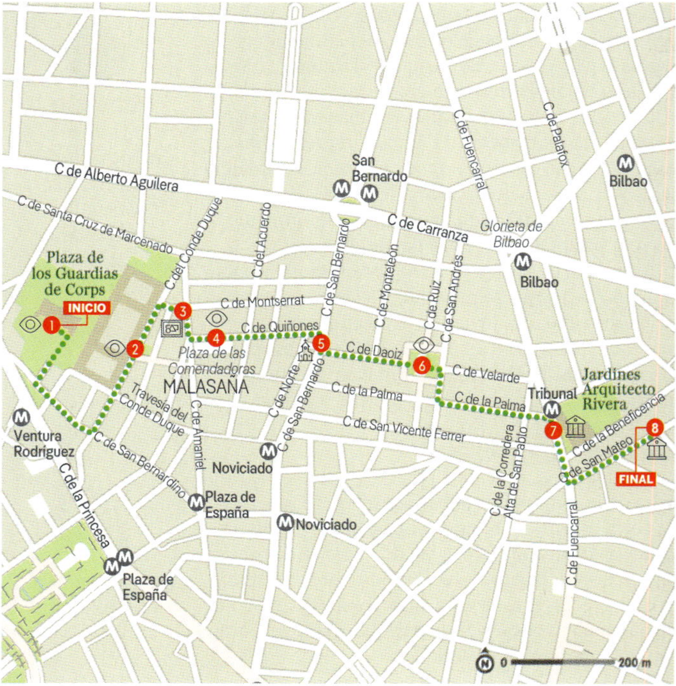

1 Fachada majestuosa

Frente al metro Ventura Rodríguez se levanta el **palacio de Liria.** A través de la verja se contempla la fachada, único resto del palacio primigenio del s. XVIII, proyectado por Ventura Rodríguez para la Casa de Alba.

2 Plaza de armas

Si se sube por la calle del Duque de Liria y se gira a la izquierda, se verá al frente un inmenso edificio rojo: el **Antiguo Cuartel del Conde Duque,** levantado para Felipe V, el primer rey borbón. Vale la pena rodearlo para llegar hasta la magna portada y echar un vistazo al patio central.

3 Fábrica de cerveza

Desde la calle de Monserrat, se dobla por la segunda a la izquierda para llegar al **Museo ABC,** en la antigua fábrica de cerveza Mahou, una de las más populares de España; la producción no ha parado de crecer desde 1890.

4 El barrio de Maravillas

Calle abajo, a mano izquierda, el **convento de las Comendadoras de Santiago** se fundó en 1650, poco después de que el ensanchamiento de las murallas diera origen al entonces conocido como barrio de Maravillas. El convento data de 1773 y es obra de Francisco Sabatini, artífice también del Palacio Real.

5 Monjes en fuga

Tomando la calle de Quiñones, al girar a la izquierda por San Bernardo, donde acaba, se alza la barroca **iglesia de Nuestra Señora de Montserrat,** residencia de los benedictinos de Montserrat, expulsados de Cataluña durante el levantamiento contra la corona.

6 Plaza rebelde

Cruzando la calle de San Bernardo, la calle de Daoiz desemboca en la **plaza del Dos de Mayo,** donde antaño se hallaba el cuartel de Monteleón, escenario de violentos combates cuando Madrid se levantó contra los franceses. De él solo se conserva el arco que se alza en el centro de la plaza.

7 Un hospicio con historia

Estos sangrientos episodios se pueden conocer en detalle si se visita el **Museo de Historia de Madrid,** pero también puede uno limitarse a admirar desde fuera este hermoso edificio del s. XVIII que antes fue hospicio.

8 Parada para tomar algo

La ruta termina en el **Museo del Romanticismo,** que ocupa el antiguo palacio dieciochesco del marqués de Matallana y cuenta con un bonito café en el jardín.

EXPERIENCIAS

Celebrar el Orgullo FESTIVAL

En el fin de semana que sigue al Día Internacional del Orgullo (28 jun), Madrid tiende la alfombra roja para dar la bienvenida a los visitantes LGTBIQ+. Las banderas arcoíris ondean por toda la ciudad, y los negocios se emplean a fondo para hacer caja con el festival del Orgullo más grande de Europa. Pero, hasta cierto punto, **Madrid Orgullo** ha sido víctima de su éxito, porque la fiesta ha perdido algo de su carácter íntimo. En años anteriores, a los bares se les permitía montar por fuera discotecas improvisadas; ahora la música al aire libre ha quedado restringida a las plazas de Pedro Zerolo, del Rey, de Callao y de España. El desfile del sábado recorre los paseos del Prado y Recoletos; para evitar aglomeraciones conviene verlo desde esta última. Otra celebración ineludible es la anual **Carrera de Tacones** por la calle de Pelayo; hay que llegar temprano, porque también congrega multitudes. Las calles abarrotadas son probablemente el único aspecto molesto de la semana del Orgullo.

Ponerse románticos MUSEO

PLANO: 2 P. 126 **F3**

El interesante **Museo del Romanticismo** expone un pequeño tesoro de pinturas, muebles, porcelanas, libros, fotos y otros objetos que ilustran la forma de vida de la alta burguesía del s. XIX, época en que floreció el movimiento romántico. Las dos casas de muñecas del s. XIX encantarán sobre todo a los niños.

La colección ocupa un palacete de finales del s. XVIII convertido en museo en 1924 por el marqués de la Vega-Inclán, que participó en la creación de la red de paradores españoles. Se ha establecido un cupo máximo de 100 visitantes a cualquier hora del día.

Curiosear en un mercado multicultural MERCADO

PLANO: 3 P. 126 **B4**

Distribuido en tres plantas, el **mercado de los Mostenses** ha ganado espacio recientemente con

POSTRES FÁLICOS

En el corazón del distrito gay de Madrid, **La Pollería** (PLANO: 1 P. 126 **F4**) vende gofres con forma de pene –los pollofres– insertados en un palito a los que se puede añadir las coberturas y extras que se desee. Es tan popular este sitio que suele haber colas por fuera. A la vuelta de la esquina funcionó también una *coñería*, con los gofres en forma de aparato genital femenino, pero no alcanzó tanta popularidad.

la peatonalización de las calles aledañas y la instalación de un parque infantil detrás. Pero el bullicio está dentro: este mercado cubierto y no muy conocido es probablemente el más internacional de Madrid, con puestos de comida asiática, sudamericana e incluso iraní. Los productos exóticos abundan: **Black Pearl Caviar,** p. ej., vende caviar del Caspio, y **Verduras Dimar,** frutas exóticas. Es un sitio magnífico para comer, pues alberga pequeños restaurantes de cocina peruana, callejera de Shanghái y tapas españolas. Todo se elabora con ingredientes fresquísimos de los propios puestos.

Para parejas y mascotas IGLESIA

PLANO: 4 P. 126 **F4**

San Antón es el patrono de los animales, y si se visita la **iglesia de San Antón** el 17 de enero, se verán colas de gente esperando pacientemente a que sus mascotas reciban la bendición. Muchos engalanan a sus perros con cintas e incluso con abriguitos, a tono con tan señalada ocasión. La iglesia se abarrota igualmente el 14 de febrero, cuando acuden los enamorados para atar cintas a las barras junto a la urna con las reliquias de san Valentín. Dentro puede verse también una copia de la pintura de Goya *La última comunión de san José de Calasanz.* La iglesia acoge todo el año, de día y de noche, a los indigentes de Madrid, a quienes la asociación Mensajeros de la Paz proporciona bocadillos y bebidas calientes gratis y un punto de recarga para sus teléfonos. La máquina instalada a la entrada permite dejar donativos.

Ver el mejor arte ESPACIO EXPOSITIVO

PLANO: 5 P. 126 **H4**

Siempre hay algo magnífico que ver en la **Fundación MAPFRE,** instalada en una enorme mansión que perteneció a una duquesa. Pese a los crujidos de los suelos de madera, es un sitio perfecto para empaparse de cultura. En sus dos plantas, la programación suele incluir simultáneamente una exposición de pintura y otra de fotografía, dedicadas a excelentes artistas españoles e internacionales. En los últimos meses se han exhibido pinturas de Marc Chagall y Leonora Carrington, y fotografías de Lee Friedlander y Carlos Pérez Siquier. La visita a las exposiciones puede durar toda una mañana o una tarde, y después se puede curiosear en la excelente librería, rematando la salida con una copa en el cercano **Café Gijón** (p. 138), con un rico pasado literario.

Descubrir la Movida madrileña BARES HISTÓRICOS

Durante el franquismo, Malasaña era un barrio bastante aburrido. El resorte de su renacimiento fue la Movida, un movimiento surgido a principios de la década de 1980. La figura más famosa que emergió de aquel hervidero de actividad fue

Pedro Almodóvar, cuya primera película, la abiertamente *camp* y descarada *Pepi, Luci, Bom y otras chicas del montón* (1980), encarnó a la perfección el espíritu de la época. La reina indiscutible de la Movida fue la cantante e icono gay Alaska. Para saber más hay que acercarse a **Madrid Me Mata** (PLANO: 6 P. 126 **E2**), un bar convertido en museo que rinde homenaje a aquella época; queda frente a **El Penta** (PLANO: 7 P. 126 **E3**), el primer disco-bar de España y cuna de la Movida, que se inauguró en 1976 y todavía se abarrota los fines de semana. Sin embargo, lo mejor es empezar tomando un trago en **La Vía Láctea** (PLANO: 8 P. 126 **D2**) a la vuelta de la esquina; inaugurado en 1979, este local de música en directo sirvió de trampolín a artistas como Alaska o Radio Futura.

Entrar por la puerta grande

CENTRO CULTURAL

PLANO: 9 P. 126 **A2**

La fachada de piedra de este antiguo cuartel es una de las más hermosas de Madrid. Aunque ya no la atraviesa la caballería de los Reales Guardias de Corps, un cuerpo de élite, la impresionante portada de 1717, obra del barroco churrigueresco firmada por Pedro de Ribera, todavía impresiona. De los tres patios interiores, el central es el más imponente.

Después del incendio de 1869, el **Antiguo Cuartel del Conde Duque** siguió teniendo uso militar hasta 1969, cuando el Ayuntamiento inició un proceso de rehabilitación que terminó en el 2011 y le ha devuelto su esplendor convertido en centro cultural y de ocio. Entre otras instituciones, dependencias culturales y servicios, este espacio de 60 000 m² alberga el Museo de Arte Contemporáneo, el archivo de la Villa de Madrid, la hemeroteca municipal, cuatro bibliotecas y dos salas de exposiciones.

En la 2ª planta del Museo de Arte Contemporáneo, la reconstrucción del despacho del escritor Ramón Gómez de la Serna es un caramelo visual para los interesados en las vanguardias de la década de 1920, repleto de *collages* surrealistas y objetos insólitos, como bolas de cristal colgando del techo, espejos rotos en las paredes y una pistola sobre el escritorio.

Pasar un rato en el corazón de Malasaña

PLAZA

PLANO: 10 P. 126 **D2**

El 2 de mayo de 1808 se libraron algunos de los combates más feroces de Madrid en la actual **plaza del Dos de Mayo,** emplazamiento por entonces del cuartel de Monteleón –en el centro se ve todavía el arco monumental de la entrada–, donde se repartieron armas entre la población. Hoy la plaza es uno de los focos de la vida en el barrio, llena por el día de paseantes y familias, y por la noche de gente alegre que celebra la libertad de vivir en Madrid.

Casi todos los fines de semana una multitud de juerguistas invade la plaza y sus aledaños. Quienes sientan la tentación de unirse a la fiesta deben saber que beber en la calle se castiga con multas de hasta 600 €, aunque rara vez se aplican. Durante la pandemia, la desobediencia civil contra estas ordenanzas alcanzó proporciones épicas, porque los jóvenes, con las discotecas cerradas, organizaban megabotellones enviándose mensajes. Una concentración en la plaza del Dos de Mayo acabó en disturbios.

Maravillarse en la Capilla Sixtina de Madrid FRESCOS

PLANO: 12 P. 126 **D4**

Es fácil pasar por alto esta iglesia cuya discreta fachada choca con la suntuosidad del interior. Conocida como la "Capilla Sixtina de Madrid", toda la superficie interior de la **iglesia de San Antonio de los Alemanes** está decorada con frescos de Francisco Rizi y Luca Giordano, con una fantástica cúpula pintada en trampantojo por Juan Carreño de Miranda coronando el conjunto.

Esta iglesia estaba destinada en principio a la población portuguesa de Madrid, pero cuando la corona española perdió Portugal en 1640, la esposa de Carlos II, Mariana de Neoburgo, pidió que sirviera a la comunidad alemana; estos estrechos lazos con la monarquía explican los retratos de los reyes de la Casa de Austria en los medallones que decoran los arcos de las capillas.

Los 5 € que cuesta la entrada se destinan a la Real Hermandad del Refugio y Piedad de Madrid, titular de la iglesia, para ayudarla en el mantenimiento de uno de los mayores comedores sociales de Madrid; es frecuente ver una larga cola por el costado del edificio anexo.

ARTE CERÁMICO

En las inmediaciones de la plaza del Dos de Mayo pueden verse maravillosas muestras de cerámica con anuncios de purgantes y antidiarreicos. La fachada de la **Farmacia Juanse,** cerrada desde el 2013, constituye un raro ejemplo que ha sobrevivido desde la década de 1920. Muchos bares de Madrid presentan exteriores azulejados, pero pocos son originales; aquí cerca, sin embargo, se encuentran dos: una huevería a la vuelta de la esquina y **Casa Macareno** (p. 138), que conserva el nombre del establecimiento primigenio –"Felipe Marín y Hnos"– pintado en su fachada, bien conservada, de 1920.

PLANO: 11 P. 126 **D3**

SUGERENCIAS

Lo mejor para...

€ Económico €€ Medio €€€ Alto

Localizaciones en el plano de la **p. 126**

Comer

Veganos y vegetarianos

Vega Álamo €€
13 B4
Magnífico curri japonés, *risotto* y *pad thai*. El menú del almuerzo es generoso y con excelente relación calidad-precio. *13.30-23.30*

Frutas Prohibidas €€
14 A2
Ninguno de los riquísimos platos que se sirven aquí está prohibido a los veganos, ni siquiera los fantásticos huevos benedictinos. *10.00-18.00 mi-do*

Tapas

Cervecería La Divina €
15 D2
Famosa por sus generosas raciones para compartir de clásicos como patatas bravas, albóndigas o calamares. *13.00-24.00 ma-do*

Casa Julio €
16 D3
Las croquetas que sirve esta institución malasañera figuran siempre entre las mejores de la ciudad. *13.00-16.00 y 18.00-24.00*

La Taberna de La Copla €€
17 C4
Las ánforas abundan en este bar tradicional y muy alegre que sirve algo de picar con las bebidas. *16.00-24.00*

Bodega de la Ardosa €€
18 E4
Esta taberna con paredes enmaderadas abierta en 1892 es famosa por su tortilla de patatas y su salmorejo, pero todo lo de la carta está riquísimo. Las noches de fin de semana es casi imposible entrar. *10.00-2.00*

Restaurantes españoles

Casa Fidel €
19 D4
La discreta decoración armoniza con la filosofía del chef, que se resume en trabajar bien la cocina española más sencilla. *13.30-16.00 lu-do, 8.00-23.30 mi-sa*

Pez Tortilla €
20 C3
Suele estar hasta los topes de clientes que demandan sus fantásticas tortillas y cervezas artesanas. *12.00-24.00*

Casa Macareno €€
21 D3
La cocina tradicional la bordan en esta centenaria casa de comidas decorada con azulejos antiguos. *12.00-24.00*

Beber

Cafés

La Manuela
22 D3
Tartas y juegos de mesa en un elegante café que ha conservado su decoración de la década de 1920. *12.00-1.30*

Café Gijón
23 H5
Todas las grandes figuras literarias del s. XX español han pasado por este

establecimiento abierto en 1888 para tomar café y tertuliar. *9.00-1.00*

Gran Café El Espejo

24 **H4**

Antiguo refugio de escritores e intelectuales, esta joya arquitectónica fusiona los estilos modernista y *art déco*, en consonancia con los camareros con pajarita. *8.00-24.00 lu-vi, desde 9.00 sa y do*

LGTBIQ+ 'friendly'

Bears Bar

25 **F5**

Pequeño espacio con muchísima fama por su servicio atento y su ambiente divertido, pero a la vez muy tranquilo. *19.00-2.30*

Why Not?

26 **F5**

Subterráneo, estrecho y abarrotado, un buen sitio para bailar. *22.30-6.00*

Club 54

27 **F5**

Inspirado en el famoso Studio 54 neoyorquino, este club nocturno se distingue por su ambiente trepidante. *23.00-4.00 mi-do*

Música en directo

Toni 2 Piano Bar

28 **G4**

Octogenarios y veinteañeros coinciden en este local donde todo el mundo canta al alimón. *23.30-5.30 do-ju, 22.00-6.00 vi y sa*

Comprar

'Souvenirs'

Antigua Casa Crespo

29 **D2**

Vende elegantes alpargatas de esparto desde hace cinco generaciones. *10.00-14.00 y 17.00-20.15 lu-sa*

La Oficial

30 **F4**

Preciosa cerámica artesanal de España y Portugal. *11.00-15.00 y 16.00-20.00 lu-sa*

'Vintage' y retro

Amores Eternos

31 **D5**

Cuidadísimo surtido de prendas *vintage* ordenadas por décadas hasta la de 1940. *Horario variable*

Chopper Monster

32 **E3**

Un paraíso para los devotos del *rock'n' roll*, con prendas fantásticas para hombre y mujer al estilo de la década de 1950, objetos decorativos y vinilos. *11.00-21.00*

Kinda Kinks

33 **C4**

Se especializa en ropa *vintage*, retro e *indie;* lo mejor son las camisas estilosas y las camisetas con estampados de bandas. *12.00-21.00 lu-sa*

Artesanía

El Moderno

34 **D4**

Excelente tienda conceptual con un selecto surtido de artículos de diseño, desde jarras hasta cabezas de toro de mimbre, ideales para un regalo o como *souvenir*. *11.00-21.00*

Moda

Malababa Santa Teresa

35 **G3**

Elegantes complementos fabricados en España -joyas, calzado, bolsos y cinturones de piel-, todo expuesto con un gusto exquisito. *10.00-20.30*

Mott

36 **G4**

Ropa de mujer elegante -vestidos bordados, chaquetas de lino- confeccionada con materiales naturales; también complementos, calzado y joyas. *10.30-20.30 lu-sa*

★ MERECE LA PENA

El Escorial

Patrimonio Mundial, el Real Monasterio de San Lorenzo de El Escorial es uno de los sitios más recomendables para una excursión desde Madrid. Colmada de obras de arte y rodeada de jardines, la residencia de Felipe II en el s. XVI es al tiempo palacio y mausoleo de la monarquía.

Trasfondo histórico

Felipe II ordenó la construcción de El Escorial tras su decisiva victoria sobre los franceses en la batalla de San Quintín el 10 de agosto de 1557, festividad de san Lorenzo. El arquitecto fue Juan Bautista de Toledo, y a su muerte, Juan de Herrera concluyó el proyecto. Sobre la portada central del monasterio, una **estatua de san Lorenzo** monta guardia portando una simbólica parrilla, el instrumento de su martirio (fue asado vivo).

Basílica y biblioteca

Al fondo del **patio de los Reyes** se abre la sobria basílica. Nada más entrar, llama la atención la extraña bóveda plana junto a la sillería del coro. Una vez dentro de la iglesia, al mirar a la izquierda se contempla la espléndida **estatua de Cristo crucificado** (1576), de Benvenuto Cellini, en mármol blanco de Carrara, una de las obras maestras más infravaloradas de El Escorial.

Al final de una estrecha escalera y con vistas al patio de los Reyes, la extraordinaria **biblioteca** refleja la dedicación de Felipe II al estudio, con más de 40 000 volúmenes en latín, griego, hebreo y árabe. Aquí se exponen maravillosos manuscritos iluminados y la fabulosa colección de globos terráqueos, mapas y astrolabios del monarca.

CONSEJO

Los trenes de cercanías C8 de Renfe salen de las estaciones de Atocha o Chamartín; los autobuses nº 661 y 664, de Moncloa. En ambos casos, el viaje dura 1 h. Si se va en tren, habrá que caminar 15 min cuesta arriba.

Escanea este código QR para precios, horarios y demás.

MIGEL/SHUTTERSTOCK ©

Pinacoteca y mausoleo

De ahí se pasa al **Museo de Arquitectura** y el **Museo de Pintura;** el primero cuenta la historia de la construcción del monasterio, y el segundo expone arte italiano, español y flamenco de los ss. XVI y XVII. La ruta sube a continuación hasta el **palacio de Felipe II** o el **palacio de los Austrias.** Después se baja al **panteón de los Reyes,** del s. XVII, donde están enterrados casi todos los reyes y reinas de España.

En el extremo suroriental del monasterio, las luminosas **salas capitulares,** con techos pintados al fresco, acogen una extraordinaria pinacoteca con obras de El Greco, Tiziano, Tintoretto, José de Ribera y El Bosco.

UNA PAUSA

Para un almuerzo tranquilo o un café rápido, lo mejor es acercarse a la bonita **calle de Floridablanca,** bordeada de restaurantes y cafés con terrazas al aire libre.

Guía práctica

Palacio Real (p. 40).

MATT MUNRO/LONELY PLANET ©

Viajar en familia

Madrid es agradable para caminar, y con una magnífica red de transporte por si los niños se cansan. Para un día en familia lejos del bullicio, lo mejor es ir al zoo o al parque de atracciones en la Casa de Campo.

Madrid para niños

Madrid es muy acogedora para los niños, con parques infantiles en muchas plazas y -por suerte para los fatigados padres- a menudo con cafés al lado. El río Manzanares es perfecto para los críos, sobre todo en verano, con las fuentes de la playa urbana funcionando.

RATÓN PÉREZ

El simpático **Ratón Pérez** descubre a los niños la ciudad en esta guía extraída de la web de Turismo del Ayuntamiento de Madrid.

Escanea este código QR para descargar la guía.

Cochecitos

La estrechez de muchas aceras complica los movimientos de los cochecitos, pero en las escaleras la gente se echa a un lado y ayuda a subirlos.

Restaurantes

Las familias reciben un trato exquisito en Madrid. Los restaurantes facilitan tronas, y muchas veces disponen también de menús infantiles y sirven medias raciones.

Transporte público

Los menores de cuatro años viajan gratis, y los menores de 11 años pagan un 50% del billete.

Lactancia materna

Pese a una campaña para normalizar el amamantamiento en público, el 60% de las españolas dicen sentirse incómodas con esta práctica. Muchas mujeres cubren al bebé con un paño.

JSSENG/SHUTTERSTOCK ©

Alojamiento

Aunque todavía se encuentran gangas, Madrid es caro y la franja de lujo del mercado hotelero crece con rapidez.

Si te gusta...

Historia y plazas

Plaza Mayor y Madrid de los Austrias

(p. 35) Con algunos de los edificios más antiguos de la ciudad, este pintoresco barrio no es barato, pero sí bonito.

Tiendas, teatros y bares

Sol, Santa Ana y Huertas

(p. 73) El núcleo de Madrid conduce a la plaza de Santa Ana, en el barrio de los teatros. Por detrás, las calles en cuesta están llenas de bares magníficos.

IMPRESCINDIBLE

Nos encanta...

La Latina y Lavapiés (p. 57)

Estos barrios colindantes son bien distintos: uno histórico y el otro multicultural. En la Cava Baja, en La Latina, hay alojamientos caros pero bonitos, y otros más baratos en Lavapiés, un barrio mucho más animado. Ambos son famosos por sus mercados y su vida nocturna; a La Latina va gente de edad algo mayor.

CUÁNTO CUESTA

Hotel de 4 estrellas/hotel-*boutique* elegante **desde 180 €**

Hotel de precio medio **90-190 €**

Albergue **45-75 €**

Museos y parques

El Retiro y las pinacotecas (p. 87) El núcleo cultural de Madrid bordea uno de los parques más hermosos del mundo. Aquí los alojamientos suelen ser caros.

Cultura alternativa, discotecas y tiendas

Malasaña y Chueca

(p. 125) Ruidosos pero más baratos que otros distritos céntricos, e ideales para divertirse y comprar, estos barrios son perfectos para los jóvenes.

Marcas de lujo y restaurantes selectos

Salamanca (p. 109) Distrito refinado algo lejos del barullo del centro, pero más tranquilo por la noche. Ideal para derrochar.

Comida, bebida y fiesta

Alergias e intolerancias

Las personas con alergias alimentarias no deberían tener problema en Madrid. Los alérgenos más comunes se indican con símbolos en las cartas, así que son fáciles de identificar. En las cafeterías, la leche de soja es la alternativa habitual a la de vaca, pero poco a poco van ganando popularidad otras leches.

MASTER1305/SHUTTERSTOCK ©

MENÚ DEL DÍA

Casi todos los restaurantes ofrecen a la hora del almuerzo un menú del día de lunes a viernes, y algunos también los fines de semana, pero un poco más caros. Como es mucha comida, se puede pedir medio menú -un primero o un segundo más postre- para que salga más barato.

Tapas gratis

En Madrid es costumbre servir un cuenco de patatas fritas o aceitunas para acompañar la bebida, pero algunos establecimientos ofrecen aperitivos más sustanciosos.

La cuenta

En Madrid el servicio es bastante rápido, aunque a veces los camareros se ven abrumados. Aunque los pagos con tarjeta son habituales, algunos sitios solo admiten efectivo.

Dividir la cuenta Es una práctica común: basta con indicar que se quiere pagar por separado.

Propinas Aunque no son obligatorias, siempre se agradecen unos cuantos euros, porque los salarios de la hostelería suelen ser bajos. En los restaurantes de lujo se incluye a veces un recargo por el servicio, en cuyo caso no hace falta dejar propina.

PRECIOS

Los precios siguientes corresponden al coste medio de un plato principal.
€ menos de 12 €
€€ 12-20 €
€€€ más de 20 €

HORARIOS

Cafés y bares 7.00-hasta tarde

Restaurantes 13.00-16.00 y 20.00-24.00

Discotecas 24.00-5.00

Salidas nocturnas

Tapeo Se empieza picoteando unas tapas con un vino, un vermú o una caña de cerveza. Si apetece algo más sustancioso, hay que pedir una ración para compartirla con los amigos. En Madrid gustan muchísimo los calamares y clásicos como la oreja a la plancha.

Bares de copas Para beber por la noche en un ambiente elegante, estos locales son insuperables. Como no sirven comida, conviene llenar antes el estómago, porque los bármanes son generosos sirviendo las bebidas y no suelen usar medidores.

Disco-bares y clubes Si apetece bailar, recuérdese que las discotecas no suelen llenarse hasta eso de las 2.00. En cambio, los disco-bares con pequeñas pistas de baile abren más temprano y son muy divertidos.

CUÁNTO CUESTA

Café con leche 2 €

Caña de cerveza 2,50 €

Copa de vino 3-4 €

Bocadillo de calamares 3 €

Menú del día 12,50 €

Desayuno 3,50 €

'Brunch' 20 €

Trozo de tarta 5 €

Comunidad LGTBIQ+

Madrid ha progresado mucho en las últimas décadas y hoy es una de las urbes europeas más acogedoras para los gais.

Orgullosos pero no complacientes

Madrid Orgullo

Las fiestas del Orgullo en Madrid (Madrid Orgullo o MADO) tienen como centro el barrio gay de Chueca el primer sábado de julio. Esos días suele hacer muchísimo calor, y el desfile por el paseo del Prado se convierte muchas veces en una multitudinaria batalla de agua: ¡hay que llevar pistolas de plástico!

Orgullo Crítico

Una parte de la comunidad LGTBIQ+ madrileña opina que el Orgullo ha perdido su componente político y se ha mercantilizado. Las manifestaciones del movimiento Orgullo Crítico pretenden resaltar la, según ellos, hipocresía de las instituciones, y denunciar, en sus propias palabras: "la utilización capitalista y heteropatriarcal de las disidencias, y cuestionar un modelo como el de Chueca, donde el dinero y el ocio se venden como referentes de la liberación".

IMPRESCINDIBLE

Chueca

Sobre la comunidad LGTBIQ+ madrileña recae el mérito de haber revitalizado un barrio tan degradado como Chueca, donde Madrid no solo salió del armario, sino que arrancó las puertas. Chueca es hoy uno de los barrios más vivos de Madrid, y abundan los cafés, bares y clubes nocturnos orientados a una clientela LGTBIQ+.

NO SOLO 'ÉL' Y 'ELLA'

La neutralidad de género se usa a veces en España. En lugar de "él" o "ella", hay quien se identifica con el pronombre no binario *elle*.

VOLUNTARIADO

Los voluntarios del Madrid Orgullo obtienen ventajas en el acceso a artistas, carrozas y grandes espectáculos.

Recursos

• **esmadrid.com** Para información sobre Madrid Orgullo. • **patroc.com** Trae una guía y un plano de los sitios gais de Madrid. • **shangay.com** La revista gay de Madrid se consigue gratis en bares y tiendas de Chueca.

Salud y seguridad

Madrid es una ciudad segura, pero hay que tener cuidado con los carteristas y también con las altas temperaturas en verano.

ROBOS

Los atracos con violencia eran raros, pero se han registrado casos por la noche en la zona del metro de Tirso de Molina. Las demás zonas suelen ser seguras, pero hay que tener cuidado con los carteristas en el metro y, sobre todo, en el Rastro. Para reclamar al seguro o pedir un nuevo pasaporte, los robos deben denunciarse en comisaría.

Acceso al sistema sanitario

Madrid cuenta con un excelente sistema sanitario público. Se puede obtener tratamiento gratuito presentando una Global Health Insurance Card (GHIC) o una Tarjeta Sanitaria Europea (TSE); hay que informarse en el propio país antes de viajar. Cualquier visitante que no esté asegurado recibirá igualmente tratamiento en urgencias, con un coste para el sistema público de hasta 150 € por consulta.

Agua del grifo

El agua de Madrid es de las mejores de España y se puede pedir en los restaurante con tranquilidad.

Mascarillas

Durante la pandemia de COVID-19, España fue uno de los países más estrictos en cuanto al uso de mascarillas, que eran obligatorias tanto en la calle como en espacios cerrados. Hoy las mascarillas se han integrado en la vida cotidiana; durante las gripes invernales se puede declarar su obligatoriedad en centros sanitarios.

TIMOS

Uno habitual es instalar copiadores en los cajeros automáticos que graba los datos bancarios para vaciar después la cuenta.

A TENER EN CUENTA

Calor
Hay que llevar agua y sombrero.

Alcohol
Beber en exceso está mal visto.

Multas
Beber alcohol en la calle puede acarrear una multa de 600 €.

Turismo responsable

Estas recomendaciones reducen la huella de carbono, ayudan a los negocios madrileños y benefician a las comunidades.

Huerto ecológico

El parque del Retiro acoge el **Centro de Educación Ambiental,** un huerto ecológico dependiente del Ayuntamiento que aspira a promover comportamientos respetuosos con el medioambiente y por donde se puede pasear libremente admirando sus cuidadas parcelas. Aquí se organizan también talleres de horticultura ecológica.

Comida vegetariana que llena

El **Fogón Verde** es un restaurante vegetariano de Huertas regentado por una cooperativa. Todos sus ingredientes proceden de productores ecológicos. El menú de 16 € al almuerzo es muy recomendable.

IMPRESCINDIBLE

Apoyar la venta callejera

Los inmigrantes indocumentados de Madrid han formado un sindicato; se les puede ayudar comprando camisetas y bolsas en **Pantera,** su tienda en Lavapiés.

Electrificación

La flota de autobuses eléctricos de Madrid es la mayor de España. La línea 001, desde Atocha hasta Moncloa por la Gran Vía, es totalmente eléctrica y gratuita.

La estaciones de bicicletas eléctricas se distribuyen por toda la ciudad; hay que descargar la *app* BiciMAD. Las 7500 bicicletas están fabricadas con aluminio reciclado.

Recursos

• **madridnofrills.com** Blog que promueve los viajes sostenibles. • **toogoodtogo.com** Para comprar a precio de ganga excedentes alimentarios de tiendas y restaurantes.

DESDE IZDA.: GESHAS/SHUTTERSTOCK ©, ANNABARANOVA/SHUTTERSTOCK ©, NADIR KEKLIK/SHUTTERSTOCK ©

HUEVERÍAS

Sus horarios son raros, pero vale la pena visitarlas por sus huevos de gallinas camperas criadas en el suelo, y por sus legumbres a granel y mermeladas.

Ropa de segunda mano

Humana es la mayor cadena de tiendas de ropa usada de Madrid y suele organizar días especiales en que todos los artículos se rebajan; un día al mes todo cuesta 1 €. Las tiendas informan sobre el calendario de ventas.

Si se prefiere algo de más categoría, Malasaña está lleno de tiendas *vintage*. Entre ellas, destacan **Amores Eternos** (p. 139), **Kinda Kinks** (p. 139) y **Flamingos Vintage Kilo.** Aun así, para verdaderas gangas lo mejor es ir el Rastro un domingo por la mañana, pero temprano, porque las mejores prendas vuelan.

El cambio climático y los viajes

Es imposible ignorar el impacto de nuestros viajes y la importancia de hacer cambios. Lonely Planet anima a todos los viajeros a involucrarse en su huella de carbono. Muchas webs de líneas aéreas y sitios de reservas ofrecen la opción de compensar el impacto de los gases de efecto invernadero realizando donaciones para iniciativas respetuosas con el clima en todo el mundo.

La **calculadora de la huella de carbono de la ONU** muestra el impacto de los vuelos en las emisiones de un hogar.

La **calculadora de emisiones de carbono de la OACI** permite determinar el CO_2 generado por un viaje en avión.

MADRID SOSTENIBLE

La web oficial de turismo de Madrid recopila la información más reciente sobre viajes con cero emisiones, espacios verdes, productos artesanales y gastronomía.

Descubre más con este código QR.

Accesibilidad

Cómo desplazarse

Madrid ha avanzado mucho en accesibilidad en el transporte, pero no todas las estaciones de metro y tren son aptas para sillas de ruedas, y además algunas aceras son estrechas. Los autobuses disponen de una rampa desplegable para las sillas de ruedas.

Llegada al aeropuerto

Los viajeros con movilidad reducida deben contactar previamente con AENA en el 902 404 704 para que les faciliten los desplazamientos por el aeropuerto de Barajas. De acuerdo con la normativa de la UE, este servicio es gratuito.

ASEOS

Casi todos los aseos están adaptados para sillas de ruedas, pero hay pocos públicos. En muchos bares hay que bajar una escalera empinada para llegar al baño, así que es mejor utilizar los aseos de los grandes almacenes.

Taxis

Taxi Grande Madrid dispone de una flota de vehículos Eurotaxi adaptados para sillas de ruedas y con capacidad para llevar equipaje. Es preciso reservarlos con antelación.

IMPRESCINDIBLE

Los tres principales museos –**Prado** (p. 89), **Thyssen** (p. 93) y **Centro de Arte Reina Sofía** (p. 97)– alquilan sillas de ruedas y disponen de rampas y ascensores amplios. Cerca de la entrada al Prado por la puerta de Goya hay plazas de *parking* para visitantes con discapacidad, y todos sus espacios públicos están equipados con bucles magnéticos para visitantes con discapacidad auditiva. El Reina Sofía permite, con la documentación oportuna, entrar con perros guía y ofrece un circuito táctil para visitantes con discapacidad visual.

DANS LE NOIR

En este restaurante cerca del **Palacio Real** (p. 40), los camareros invidentes o con discapacidad visual sirven platos catalanes y castellanos a oscuras; es una experiencia única, con precios a la par.

Recursos

- **esmadrid.com** La guía de turismo accesible de Madrid trae una relación detallada de hoteles con instalaciones y servicios para viajeros con discapacidad.

Lo esencial

Horario comercial

Muchos establecimientos cierran en agosto. Las tiendas del centro no suelen cerrar de 14.00 a 17.00, como es costumbre en otras zonas.

Bancos 8.30-14.00 de lunes a viernes

Cafés y bares 7.00-hasta tarde

Discotecas 24.00 o 1.00-5.00 los fines de semana

Restaurantes 13.00-16.00 y 20.00-23.00 o 24.00

Tiendas 10.00-14.00 y 17.00-20.00 de lunes a viernes o sábado

A TENER EN CUENTA

Hora local GMT/UTC +1 en invierno, GMT/UTC +2 en verano
Código de país 34
Emergencias 112
Población 3,5 millones de hab.

ELECTRICIDAD

220/230V, 50Hz

Fumar

Está permitido fumar al aire libre, lo que incluye las terrazas de bares y restaurantes. En espacios públicos cerrados se prohíbe fumar.

Fiestas oficiales

Año Nuevo 1 enero

Epifanía del Señor 6 de enero

Jueves Santo Marzo/abril

Viernes Santo Marzo/abril

Día del Trabajo 1 de mayo

Fiesta de la Comunidad de Madrid 2 de mayo

San Isidro Labrador 15 de mayo

Santiago Apóstol 25 de julio

Asunción de la Virgen 15 de agosto

Día de la Hispanidad 12 de octubre

Todos los Santos 1 de noviembre

Nuestra Señora de la Almudena 9 de noviembre

Día de la Constitución 6 de diciembre

Natividad del Señor 25 de diciembre

Índice

Puntos de interés p. 000
Págs. de los planos **p. 000**

Véase también los subíndices:
Comer p. 156
Beber p. 157
Comprar p. 157

Comer

Beber

Comprar

La opinión del lector

Nos encanta escuchar a los viajeros, ya que con sus comentarios nos ayudan a mejorar nuestros libros. Podéis escribirnos a lonelyplanet.com/contact; leemos todos los mensajes y garantizamos que estos lleguen a los autores.

Nota: Es posible que algunos fragmentos de estos mensajes aparezcan en nuevas ediciones de las guías Lonely Planet, en la web o en productos digitales. Si preferís que vuestro contenido o nombre no sean publicados, por favor, indicadlo claramente. Para obtener una copia de nuestra política de privacidad, podéis visitar lonelyplanet.com/legal.

geoPlaneta
Av. Diagonal 662-664, 08034 Barcelona
www.geoplaneta.com – www.lonelyplanet.es

Lonely Planet Global Limited
Lonely Planet Global Limited, Digital Depot,
The Digital Hub, Dublín D08 TCV4, Irlanda
www.lonelyplanet.com
Contacta con Lonely Planet en: lonelyplanet.com/contact

Madrid de cerca
7ª edición en español – junio del 2025
Traducción de *Pocket Madrid*, 8ª edición – febrero del 2025

1ª edición en español – marzo del 2008

Editorial Planeta, S.A.
Av. Diagonal 662-664, 7º. 08034 Barcelona (España)
Con la autorización para la edición en español de Lonely Planet Global Limited, Digital Depot,
The Digital Hub, Dublín, D08 TCV4, Irlanda

ISBN: 978-84-08-29874-8
Depósito legal: B. 20.351-2024
Impresión y encuadernación: Unigraf
Printed in Spain – Impreso en España